第二言語習得研究モノグラフシリーズ 1

Monographs on Second Language Acquisition Research

白畑知彦・須田孝司 編

名詞句と音声・音韻の習得

ニール・スネイプ　小川 睦美　須田 孝司
鈴木 孝明　杉浦 香織　川﨑 貴子
ジョン・マシューズ　田中 邦佳

Kurosio
くろしお出版

本シリーズ刊行にあたって

　このたび，『第二言語習得研究モノグラフシリーズ』が刊行の運びとなったのは望外の喜びである。本シリーズの出版を企画した主目的は，日本の土壌で，第二言語習得というきわめて興味深い研究領域に関心を抱く人を，一人でも多く増やしたかったからである。特に若い世代に，（第二）言語習得研究の面白さを伝えたい。

　執筆陣は，第二言語習得研究の第一線で活躍されている方々であり，本シリーズでも最先端の研究成果をできるだけ平易に紹介していただいている。内容理解の補助として，専門用語の解説が本文中ないしは注釈等で施されている。本シリーズに収められている論文は，それぞれ独立しているため，読者は興味ある論文から読み始めてくだされればと思う。

　言語理論や認知理論に基盤をおく第二言語習得研究の成果を1つのシリーズ本としてまとめることにより，第二言語習得または外国語学習のメカニズムに関し，これまでに何がどこまで分かってきているのか，そして依然として何が未解決であるのかを明確にし，同分野における研究の方法論や今後の研究の方向性を公開し，新しい研究仲間を増やすことができればと考えている。

　ここで，第二言語習得研究とは何かについて若干触れておきたい。私たち人間は，言語を1つ（それは大抵の場合，母語と呼ばれ，最も不自由なく使用できる言語となる）習得する能力を備えているだけでなく，2つ，またはそれ以上の数の言語さえも習得・学習できるのである。その2番目以降に習得・学習する言語のことを総称して「第二言語」と呼ぶ（場合が多い）。そして，第二言語がどのように習得されていくかを，一定の理論を基に予測し，仮説を立て（ここで立てられる仮説は「反証可能」なものでなければならない），その仮説が妥当性の高いものかどうか，実証的に研究する学問領域を第二言語習得研究と呼ぶ。

　物理学や数学などの学問と比べ，第二言語習得研究は，歴史の浅い学問領域である。現在の研究形態を取り始めたのは，1960年代後半〜1970年代前半あたりだと言える。第二言語習得研究では，生身の人間を相手に，様々な実験的試行をする場合が多いため，言語習得研究にとっては本質的ではない

諸要因が複雑に絡んできてしまう場合もある。そのような多様性・変異性に焦点を当てて研究する場合には問題ないが，第二言語学習者に共通する特性は何かを見出そうとする場合は，このような要因は難敵となって研究者の前に立ちはだかる。さらに，他の学問領域の知識（たとえば，理論言語学，社会学，教育学，心理学，統計学など）も必要不可欠となってくる。この点が第二言語習得研究の面白いところでもあり，研究の難しいところでもある。

　第二言語習得を研究する意義について考えたい。編者達は，それは人間の持つ認知能力の本質を明らかにすることだと考える。そして，第二言語習得の本質を明らかにするためには，Towell & Hawkins (1994) に基づけば，次の5つの特性がなぜ起こるのかを実証的に，そして理論的に説明する必要がある。（ア）と（イ）は母語獲得時と共通する特性であるが，（ウ）（エ）（オ）は第二言語習得に特有の現象だと言える。

　（ア）　ある項目が瞬時に習得される場合は稀で，発達段階が存在する
　（イ）　多くの学習者に共通する習得難易度順序が存在する
　（ウ）　学習者の母語の特性に影響を受ける
　（エ）　一方で，学習者間で個人差も認められる
　（オ）　（特に成人の場合）完全に習得することは稀である

　さらに，第二言語習得研究は，次の課題についても理論的に説明できるものでなければならない。

　すなわち，第二言語習得について，
　（カ）　初期状態はどのようなものであるのか
　（キ）　最終状態はどのようなものであるのか
　（ク）　普遍文法の役割はどのようなものか
　（ケ）　暗示的，明示的学習の役割はどのようなものか
　（コ）　インプットとアウトプットの役割はどのようなものか
という課題である。本シリーズに掲載されている論考はすべて，これらの特性，または課題に焦点を当てたものとなっている。

　本シリーズ第1巻には6本の論文が掲載されている。それらは主として，名詞句または音声・音韻に関する習得を扱ったものである。ここで，各章の内容について簡潔に紹介したい。

第1章（ニール・スネイプ論文）は，日本語を母語とする英語学習者（JLEs）の冠詞（a, the）の習得を扱っている。英語の冠詞は，JLEs にとって特に学習困難な文法項目の1つである。そのため，これまで数多くの研究者が様々に異なる観点から，なぜ冠詞の習得が難しいのか議論してきている。ニール・スネイプ論文では，近年人気の高まっているインターフェイス仮説（Interface Hypothesis）を基に，母語では冠詞を使用しない JLEs が，英語の冠詞をどのように習得していき，その際，冠詞に関わるどのような文法特性が習得困難なのか，そして習得可能なのか解説している。

第2章（小川睦美論文）は，JLEs が名詞句（または，限定詞句）を代名詞に置き換える際の困難点について論考したものである。英語では，同じ名詞句を繰り返し使用する代わりに，二度目以降は代名詞を使用する場合が多い。しかし，JLEs はその代名詞への置き換えの際，英語母語話者とは異なる振る舞いをすることが知られている。小川論文では，その要因について，名詞句が有生か無生かによる相違，名詞句の数（単数・複数）の相違，そして，名詞句の置かれている位置（主語か目的語か）の相違という3つの観点からこの困難さの生じる原因について検証し，JLEs はどのような文脈で名詞句を繰り返し使用してしまうのか考察している。

第3章（須田孝司論文）は，JLEs の文理解の過程について調査している。言語習得研究では，学習者がどのような言語知識を脳内に持っているかという課題だけでなく，その言語知識がどのような場面で使用されるのかという課題も研究対象としている。須田論文では，文理解の過程における文構造，意味役割，名詞句の有生性という3つの言語的要因について検証をおこなった。そして，JLEs の文処理過程では，名詞句の有生性と文構造が習得に大きく影響を与えていると主張している。

第4章（鈴木孝明論文）では，JLEs の量化子（quantifier）拡張解釈について論じている。本論文では，量化子の中でも全称量化子（universal quantifier）としての機能を持つ every の解釈について実験をおこなった。母語を獲得中の子どもは，every の意味を解釈する際，その直後に置かれる名詞句との関係で解釈するだけでなく，誤ってそれ以外の名詞句とも関連づけて解釈する時期があることが判明している。例えば，Every girl is riding an elephant という文で，every は girl だけではなく elephant にもかかると解釈するので

ある。このような母語獲得研究結果と比較することで，鈴木論文では，初級レベルの JLEs の場合も，母語獲得過程と同様に，every の解釈を他の名詞句にまで拡張してしまうことがあるのかどうか調査をおこなった。結果として，これまでの先行研究とは異なった結果となり，なぜ異なる結果を示すことになったのか，その原因について議論している。

第5章（杉浦香織論文）は，JLEs の英語のシュワー（/ə/）の発音練習の効果について検証している。シュワーは曖昧音であるにもかかわらず，英語らしいリズムを作り出すうえではなくてはならないものである。しかし，JLEs にとってなかなか習得できない音の1つである。杉浦論文では，大学生 JLEs を対象に，シュワーが含まれる英単語を聞かせた後，それらを復唱させる指導をおこなった。そして，反復練習の回数，強勢型のなじみ度，日本語（母語）の特性が，それぞれシュワーの産出にどのように影響を与えているのか考察している。

第6章（川﨑貴子，ジョン・マシューズ，田中邦佳論文）は，JLEs の英語の音素の聞き取り能力が，英語経験によってどのように変化していくのか実証的に調査したものである。母語の音韻システムは，生後約12か月前後で構築される。そして，この母語の音韻システムは第二言語の音声知覚の妨げになることが知られている。本論文では，JLEs にとって判別しづらい音素は何であるのか，また英語圏での滞在年数の異なる JLEs が，与えられたインプットを基に，英語の音素カテゴリーをどのように発達させていくのか検証を行った。

『第二言語習得研究モノグラフシリーズ』を読むことで，各論文に書かれている研究の「続き」を実践したくなる人が一人でも多く現れるのであれば，それはこのシリーズが世の役に立った証であろう。

最後になるが，本シリーズの企画段階より，くろしお出版の池上達昭氏には全面的にお世話になった。心より御礼申し上げたい。

2017年 中秋の名月の頃

シリーズ編者　白畑知彦・須田孝司

目　次

本シリーズ刊行にあたって　iii

第1章　日本人英語学習者による冠詞の習得―概説―
　　　　ニール・スネイプ ……………………………………………………1

第2章　日本人英語学習者による指示表現と有生性の関連
　　　―代名詞と名詞句の選択―
　　　　小川睦美………………………………………………………… 27

第3章　初級・中級レベルの
　　　　日本人英語学習者の文処理過程における言語情報の影響
　　　　須田孝司………………………………………………………… 61

第4章　第二言語習得における量化子拡張解釈の欠如
　　　　鈴木孝明………………………………………………………… 95

第5章　日本人英語学習者によるシュワー /ə/ の発音習得
　　　―暗示的な発音指導の効果―
　　　　杉浦香織…………………………………………………………117

第6章　L2 音韻カテゴリーの構築過程における
　　　　音響的手がかりの利用と抑制
　　　―日本語母語話者による英語摩擦音習得―
　　　　川﨑貴子　ジョン・マシューズ　田中邦佳 ………………163

第1章

日本人英語学習者による冠詞の習得
—概説—

ニール・スネイプ

（訳　須田孝司　須田織江）

1.　はじめに

　第二言語習得（SLA）研究が本格的に行われるようになったのは，1950年代以降であり，初期のSLA研究における先駆者と言えば，**対照分析仮説（Contrastive Analysis Hypothesis: CAH）**を提唱したRobert Lado（1957）であろう。CAHは，元々第二言語（L2）において誤りが生じる理由を説明するために提案されたものであり，L2を母語（L1）と対照することで，L2学習者が目標言語を使って話す際や文を書く際に，どのような誤りが起こるのか予測することができるようになった。つまり，CAHにもとづくと，学習者はL1とL2の類似点に関しては容易に習得することができるが，相違点になると習得が困難になるということになる。学習者がL1と大きく異なるL2を習得することは難しいというCAHの推察は正しい一方で，L2学習者のすべての誤りをCAHにより説明できるわけではないことも明らかになった。

　SLA研究では，L1の影響として冠詞の習得がよく議論されており，L1に冠詞体系が存在する場合，英語のtheやaといった冠詞の習得はそれほど難しくないことが様々な研究で提案されている（e.g., Trademan, 2002）。初期の冠詞の習得研究の多くは，L1に冠詞を持たないモン語（Huebner, 1985）や日本語（Parrish, 1987; Shirahata, 1995）などのL2学習者を対象としており，そのような学習者が冠詞を省略したり，誤って冠詞を使用することについて検

[1]

2 | 第1章 日本人英語学習者による冠詞の習得

証が行われた。また最近では，異なる L1 を持つ L2 学習者を対象として，産出（Goad & White, 2008; Robertson, 2000）や認識（Sudo & Kaneko, 2005），そして解釈（Montrul & Ionin, 2010, 2012）に関して研究が行われている[1]。その結果，L2 学習者は，冠詞を目標言語とは異なる使い方をすることや L1 話者と同じようには解釈していないことが示されている。

　これまでの SLA 研究の成果として，L2 学習者が冠詞を習得する際，統語的，意味的，語用的，形態的，音韻的などのあらゆる側面において，学習者の L1 が重要な役割を果たしていることがわかっている。本稿では，日本人英語学習者を対象とした研究に焦点を当てる。第 2 節では，まず**核文法**（**Core Grammar**）に含まれる様々な**インターフェイス**（**Interface**）を説明し，本稿で扱う「冠詞の習得」とはどのようなことを意味するのか明らかにしておく。第 3 節では，SLA における冠詞の習得，特に L1 に冠詞を持たない L2 学習者が，L1 からどのような要素を転移させるのか見ていく。第 4 節では，L2 学習者に冠詞を指導する場合の新たな提案を示し，第 5 節では結論を述べる。

2.　インターフェイスにおける冠詞

　White（2011）は，Chomsky（1995）や Jackendoff（1997）などが提唱した様々な要素間のインターフェイスを SLA の議論に取り入れ，インターフェイスが L2 学習者にとって習得が難しい要素である可能性を示した。そして，L2 学習者は「特定のインターフェイスに関連する要素を統合することが難しいのかもしれない」（White, 2011, p. 577）と主張している。

　インターフェイスは，図 1 のように，音声や統語といった太線で囲まれた核文法の内部要素間に存在するだけではなく，その外部の音声形式（Phonetic Form: PF）や論理形式（Logical Form: LF），さらには文脈といった要素との間にも存在する。

　以下では，統語と意味，統語と語用，統語と形態のインターフェイスにつ

1　いくつか例を挙げるとセルビア語（Trenkic, 2007），韓国語・ロシア語（Ionin, Ko, & Wexler, 2004），北京語（Snape, 2009; Snape, Leung, & Ting, 2006; Trenkic, 2008; Xu, Shi, & Snape, 2016），トルコ語（Goad & White, 2004; White, 2003）などがある。

いて説明していく。

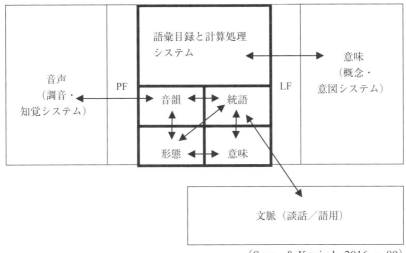

（Snape & Kupisch, 2016, p. 89）
図1　核文法の内部と外部のインターフェイス

2.1　統語と意味のインターフェイス

　統語と意味のインターフェイス（**syntax-semantics interface**）は，語彙項目が持つ素性に関連している。例えば，日本語は冠詞のない言語であるが，「その」などの語彙項目は，対象を限定する [+definite] 素性を持っていると考えることができる。そして，L1 にある [+definite] 素性は，L2 の a や the といった語彙項目に新たに関連付けられなければならない。しかし，英語には，日本語と異なり，定冠詞 the と不定冠詞 a の 2 つの冠詞があるため，[±definite] と語彙項目との関連付けは，日本人学習者が英語の冠詞を習得する際に直面する困難な要素のうちの 1 つである。つまり，日本人英語学習者は，英語に触れることで，[+definite] 素性を the に，[−definite] 素性を a に関連付けなければならないが，学習者に与えられるインプットでは，the や a の区別は明確ではなく，また冠詞は限定的にしか与えられない。さらに，学習者が，英語が話されるインプットが豊富な環境にいるのか，または日本

4 │ 第1章 日本人英語学習者による冠詞の習得

のように英語が外国語である環境にいるのか，ということによってインプットが与えられる状況が異なっているため，この関連付けはそれほど容易ではない。

さらに L2 学習者が冠詞について指導を受けたとしても，[±definite] 素性と語彙項目との関連付けは限定的な用法に関してのみである。例えば，定冠詞の 1 つの用法として，（1）のような前方照応的用法があるが，これは日本語の「その」と同じような機能を果たしている。

(1)　　John bought a puppy. The puppy is small and cute.

そのため，日本人英語学習者にとって定冠詞の前方照応的用法を [+definite] と関連付けることは比較的問題がないかもしれないが，第 3 節で論じるように，指導を受けた学習者であったとしても，定冠詞のすべての用法を習得できるわけではない。

2.2　統語と語用のインターフェイス

　統語と語用のインターフェイス（**syntax-pragmatics interface**）は，核文法の一部である統語と，文脈の中で文法的な文を人がどのように解釈するのかという語用が関連している。冠詞はその用法が複雑であるため，いろいろな解釈ができる。例えば，（1）の前方照応的用法の定冠詞 the では，文脈が重要であり，（1）の the puppy を理解するためには，まず，その名詞 puppy は文脈の中で不定冠詞 a とともに使われていなければならない。しかし，前方照応的用法は，定冠詞の多くの用法の 1 つに過ぎない。

　Hawkins（1978）は，親密度仮説（Christophersen, 1939）をもとに，定冠詞の様々な用法について説明した上で，L2 学習者が定冠詞の用法に慣れていない場合，文脈が冠詞の選択に影響を与えると提案している。それでは（2）の例を見てみよう。

(2)　　Beware of the dog!

　おそらく（2）の英文を見た L2 学習者は，その英文は訪問者に対する警告

として家の入り口などに置かれている注意書きであると理解できるであろう。しかし，(2) では，(1) のように不定冠詞を伴った名詞句 a dog が the dog より前に置かれてはいないため，この the dog が何を指しているのか解釈することは難しい。英語母語話者であれば，the dog は家の所有者のペットのことを指しており，その犬が，訪問者を襲うかもしれないということを暗に示していると理解することができる。一方，L2 学習者の場合は，その文が文法的であることやその警告の意味を理解することはできるかもしれないが，聞き手（またはこの場合，読み手）に犬について事前の知識がない状態で，dog という単語が初めて出てくるにもかかわらず，なぜ a ではなく the が使われているのかわからない可能性もある。したがって，談話の中で使われる (2) のような定冠詞は，学習者が持っている定冠詞に関する知識とは合致せず，正しく解釈することができないことになる。

2.3 統語と形態のインターフェイス

統語と形態のインターフェイス（**syntax-morphology interface**）とは，統語と語の形態変化に関連している。英語の統語構造において限定詞句（Determiner Phrase: DP）は，限定詞（Determiner: D）の主要部から作られている。図 2 は英語の DP を図で示したものである。

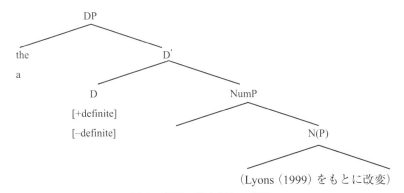

（Lyons (1999) をもとに改変）

図 2　英語の限定詞句の構造

統語内にある形態素に関連する素性は，形態音韻的な変化と関連付けられなければならない (Lardiere, 2008)。冠詞の場合，[+definite] 素性を定冠詞に関連付け，[−definite] 素性は不定冠詞に関連付けられる。L1 や L2 の形態に関する素性と L2 の語彙項目の関連付けが行われる際，インターフェイスに問題がある場合，L2 学習者は，義務的文脈の中で形態素を省略するか，またはほかのもので代用する可能性がある。さらに言えば，発話の中で冠詞を使用する時，the や a を使用するのか，それとも冠詞を使用しないのか，という選択にはばらつきが生じるかもしれない。L2 学習者が素性を形態素と関連付けられない場合，無冠詞 Ø が常に使われるであろう。つまり，学習者が発話で迷ったときは，冠詞をつけなくなるということが考えられる。Kuribara (1999) などは，L2 学習者の冠詞使用にばらつきがあることから，L1 に冠詞がない L2 学習者には，DP とそれに関連する素性が欠如していると主張している。

3.　母語の転移とインターフェイスの現象

CAH は，もともと Lado (1957) が提案したように，L1 と L2 の類似性と困難さについて議論していた。そのため，日本語と英語では冠詞の体系がかなり異なっているため，日本人英語学習者は核文法 (つまり統語や形態) の習得や核文法とインターフェイスの統合が難しいと考えられる。しかし，日本語と英語では冠詞の体系が異なっているといっても，日本語にも冠詞に似た形態素があると主張する研究者もいる。例えば，Givón (1978) は，指示詞「その」は，英語の定冠詞 the のすべての談話的用法を持っているわけではないが，定冠詞の 1 つであると主張している。また，Wakabayashi (1997) や Suda (1998) では，Givón の「その」の説明に同調した上で，さらに英語の D は統語構造に義務的に存在するものであるが，日本語の D は，英語とは異なり，選択的に統語構造に取り込まれると説明している。それらの主張に対し，日本語には DP も冠詞のような形態素もないと主張する研究者もいる (Chierchia, 1998; Fukui, 1995)。つまり，日本語の名詞句の構造には，(3) のように 3 つの提案がある。

3. 母語の転移とインターフェイスの現象 | 7

(3) a. 日本語には定冠詞「その」があり，その用法は限定的ではあるが，特定の素性を持つ DP がある。

b. 日本語には定冠詞「その」があり，その用法は限定的である。そして，D は選択的に統語構造に組み込まれる。

c. 日本語には冠詞がなく，したがって DP もない。

3.1 第二言語における言語能力の検証

　日本語と異なり，英語の統語構造には常に DP が組み込まれ，いくつかの例外を除いて，冠詞のない名詞句は非文法的になる[2]。仮に (3) のいずれかの提案が正しく，日本語には特定の素性を持つ DP があるとしても，定冠詞「その」があるだけで，不定冠詞は存在しない。しかも「その」は，英語の冠詞 the と同じような用法を持っているわけではないため，「その」は the と同じではないと主張する研究者もいる（Snape, 2008a）[3]。

　Hawkins (1978) の枠組みでは，英語の定冠詞を前方照応的用法，連想照応的用法，文化的用法や一般常識的用法など，様々なタイプに区分している。しかし，(4) と (5) に見られるように，日本語の「その」には，前方照応的用法と連想照応的用法以外の用法はない（Wakabayashi, 1998）。

(4) 前方照応的用法
　フレッドはズボンをはいた。(その)ズボンには大きな継ぎ当てがあった。

(5) 連想照応的用法
　男の人は，車で私たちの家の前を走っていった。(その) 排気ガスがひどかった。

（Wakabayashi, 1998, pp. 95–96）

　(4) の前方照応的用法では，「ズボン」が談話の中で紹介されており，「その」が同じ「ズボン」を再び指すために使われている。この場合，「その」

2　Stvan (2009) は，town, school, prison, church など，冠詞によって前置修飾する必要がない裸名詞の例をいくつか示している。

3　定冠詞の詳細な分析については，Hawkins (1978) や Lyons (1999) を参照してほしい。

と the の用法は同じである。(5) の「排気ガス」は「車」と関連しているため，連想照応的用法と呼ばれる。(4) と (5) の「その」の用法は，前に言及したもの，または前に言及したものと関連しているものを指している。しかし，日本語では，「その」がない「ズボン」も「排気ガス」も文法的である。したがって，(4) と (5) の「その」は，「その」のカッコが示すように，付けても付けなくても良いことになる。一方，英語の定冠詞 the は選択的に用いられるものではない。

Wakabayashi (1998) は，習熟度の低い L2 学習者には L1 の転移の影響が見られ，「その」は the の訳語として使われている可能性があると提案している。その研究では，習熟度の低い日本人英語学習者は「その」を the に転移しているように見えるが，空欄補充問題では高い確率で誤りがあることを見つけた。また，学習者に共通した誤りは，定冠詞の省略が多かった。Wakabayashi は，英語には定冠詞と不定冠詞があるため，日本語の「その」の [+definite] 素性を英語の定冠詞 the に関連付けることができず，省略が起きると主張している。

L1 の素性の関連付け，または組み直しという考えは Lardiere (2000) が提唱し，10 数年にわたって広まっている (Lardiere, 2008, 2016; Wakabayashi, 2009)。素性の組み直しとは，L1 の形態変化を引き起こす素性を，L2 の形態素に関連付けるということである。したがって，本来であれば「その」が持つ [+definite] 素性は，定冠詞 the に関連付けられなければならないが，L2 学習者は，L1 の素性を新たに L2 の形態素に組み直すことが困難になる。L1 の「その」と比べ，英語の冠詞が担う用法は多岐にわたっている。そのため，特に習熟度の低い日本人英語学習者は，[+definite] 素性を the に，[−definite] 素性を a に適切に関連付けることがなかなかできないと提案されている (Hawkins et al., 2006; Snape, 2005a, 2005b, 2006, 2013; Snape et al., 2014)。

3.1.1 定性と特定性に関する研究
Snape (2008a) は，日本人とスペイン人の上級と中級の英語学習者が [+definite] と [−definite] の素性をそれぞれ the と a に関連付けられるかどうか調査し，Ionin, Ko, & Wexler (2004) において提案されている (6) の揺ら

ぎ仮説（Fluctuation Hypothesis: FH）を検証した。

(6)　揺らぎ仮説（Fluctuation Hypothesis）
　　　a.　L2 学習者は，普遍文法の原理とパラメーターの設定を目標言語に合
　　　　　わせることができる。
　　　b.　L2 学習者は，インプットによってパラメーターが適切な値に設定さ
　　　　　れるまで，異なるパラメーター値の間で揺れ動く。

　Ionin et al.（2004）が研究の対象としているパラメーターは，冠詞選択パラメ
ター（Article Choice Parameter: ACP）である。これは普遍文法内にある多くの
パラメーターの 1 つであり，ACP は目標言語に合わせて設定されなければなら
ない。この研究によると，ACP の設定は定性と特定性の 2 つがあり，英語の
パラメーターは定性であり，[±definite] で示される。また，サモア語のような
言語のパラメーターは特定性であり，[±specific] で表される。英語学習者は，
この 2 つの選択肢のうちの 1 つ，つまり ACP を定性に設定するか，特定性
に設定するか，選択しなければならない。日本人学習者や L1 に冠詞を持た
ない言語の英語学習者の場合，L1 からの正の転移は期待できない。した
がって，英語と同じパラメーターを持ち，新たにパラメーターを設定する必要
のないスペイン人英語学習者とは異なる習得状況になることが予測される。
　学習者が英語の ACP を適切に定性に設定するためには，インプットが重
要になる。Ionin et al.（2004）は，特定性と定性のどちらの冠詞であろうと，
習得を引き起こすインプットは本質的に同じ環境で与えられるが，冠詞のイ
ンプットは目立たないため，学習者がそのどちらかの設定に合わせるには時
間がかかると主張している。さらに，設定が定まっていない期間では，学習
者は，ACP の 2 つの選択肢の間を揺れ動くと提案している。つまり，L2 学
習者は，インプットをもとに [+definite] と [+specific] のどちらの素性が定冠
詞と関連付けられるか決定しなければならない。学習者は同様に，不定冠詞
についても a が [−definite] であることに気づかなければならない。
　Snape（2008a）は，Ionin et al.（2004）を参考に，日本人とスペイン人の英
語学習者を対象とした実験を行った。スペイン人を実験参加者に加えた理由
は，スペイン語と英語の冠詞の用法には多くの共通要素があり，L1 から正

10 | 第1章　日本人英語学習者による冠詞の習得

の転移が期待できるためである。実験では，学習者に the, a または Ø の選択肢の中からどれか1つを選ばせる選択タスクを使った。その結果，スペイン人学習者の中間言語文法にはほとんど揺らぎが観察されなかったが，日本人学習者は，予想通り，定性と特定性の2つの素性の間を揺れ動くことがわかった。

　表1は，日本人英語学習者が，the と a を選択した割合を示している[4]。英語では [±specific] に関わらず，[+definite] では the が，[−definite] では a が使われる。中級レベルの日本人学習者のデータからは [±specific] の影響が見られ，[+definite, +specific] では誤って a を選択する割合は 6.7% であったが，[+definite, −specific] の場合には 23.3% に増えていた。また，[−definite, −specific] の場合，誤って the を選択する割合は 5.0% であったが，[−definite, +specific] では 35% に増えていた。つまり，中級レベルの学習者では，インプットによる揺らぎがあり，パラメーターの設定がまだ確定していないことが示唆される。しかし，上級学習者になると，その揺らぎは徐々に少なくなっていることがわかる。

表1　定冠詞と不定冠詞を使用する文脈における日本人学習者の the と a の反応（%）

	[+definite]		[−definite]	
中級（*n* = 15）	the	*a	*the	a
[+specific]	91.7%	6.7%	**35%**	63.3%
[−specific]	71.7%	**23.3%**	5.0%	95%
上級（*n* = 15）	the	*a	*the	a
[+specific]	90%	8.3%	**20%**	78.3%
[−specific]	88.3%	**10%**	1.7%	98.3%

* は誤った冠詞の選択を表している。

　Ionin, Zubizarreta, & Maldonado（2008）や Garcia Mayo（2008）による同様の研究では，スペイン人英語学習者は，定性と特定性の間で冠詞の使用に揺らぎは見られなかった。この結果から，L1 に定性の冠詞体系がある場合，

4　Ø を選択した割合は，5% 未満であった。

3. 母語の転移とインターフェイスの現象 | 11

L1 の転移によって，英語に対しても適切なパラメターが設定されやすいと
考えられる。

　さらに，Snape (2008b) では，the が持つ様々な用法の理解度を検証した
Liu & Gleason (2002) の研究をもとに，合計 92 の短い会話から成る選択タ
スクを用いた実験を行っている。英文には，単数名詞，複数名詞，質量名詞
を使い，さらに問題文としては，定冠詞の前方照応的用法，百科事典的用
法，一般常識的用法の 3 つの用法を含んでいた。可算名詞を使った例を (7)
から (9) に示す。

(7)　前方照応的用法（特定的で，予測的知識があるもの）

A：I left my wallet behind this morning.
B：That's terrible! What did you do?
A：I returned home to get ＿＿＿ wallet.

a　　　*(the)*　　　Ø　　　*an*

(8)　百科事典的用法（唯一無二的，または文化的知識が必要なもの）

A：Jason isn't taking his boat out tomorrow.
B：Isn't he?
A：He has seen ＿＿＿ ocean, and he thinks it is too rough.

Ø　　　*an*　　　*a*　　　*(the)*

(9)　一般常識的用法（一般的で，特定の予備知識がないもの）

A：Are you interested in our internship programme?
B：Yes, I would like to work in your Sapporo city branch.
A：OK, then, I will contact ＿＿＿ manager in Sapporo for you.

(the)　　　*a*　　　*an*　　　Ø

定冠詞以外の選択肢はすべて、語用的／文脈的に正しくない a と an、非文法的である無冠詞 Ø のいずれかである。実験の結果、日本人グループの正答率は、スペイン人や統制群である英語母語話者の正答率よりも低いことがわかった。また、L1 の違い以外に、習熟度も冠詞の選択に影響を与えていることも明らかになった。つまり、中級レベルの日本人学習者は、どの名詞であったとしても Ø を選択していたが、上級レベルの学習者は、単数名詞の場合は正しい選択肢を選ぶことができたのに対し、複数名詞と質量名詞になるとその正答率は中級学習者とほとんど変わらなかった。一方、スペイン人学習者は、英語母語話者と同じようにどのような用法に対しても正しい冠詞として the を選択することができた。したがって、この研究より、日本人学習者は、ほかの冠詞のない L1 を持つ学習者と同じように、インプットによって ACP が定性に設定されるまで、ACP の 2 つの素性の間を揺れ動き、さらに、可算名詞や質量名詞に付く定冠詞には様々な用法があるため、日本人学習者は the 以外の冠詞を選ぶことが明らかになった。

Snape（2008b）は、日本人学習者は、英語習得の初期段階には L1 を完全に転移させるが、SLA においても普遍文法が機能するため、学習者の言語能力は目標言語に徐々に近づいていくと提案している。この主張は Schwartz & Sprouse（1996）が提唱する完全転移・完全アクセスモデルと一致する。また、Snape は、日本人学習者が英語習得の際に直面する問題は、Lardiere（2016）が提案しているように、統語知識ではなく、素性の組み直しであると考えている。前述した通り、L1 の素性を L2 の新たな形態素に関連付けるのは、統語と形態のインターフェイスの問題であり、さらには「語用の情報を統語の情報と関連付ける問題」（Snape, 2008b, p. 75）でもある。言い換えれば、日本人学習者には、統語と形態のインターフェイスと統語と語用のインターフェイスという 2 つのインターフェイスに問題があると考えられる。

3.1.2　総称性に関する研究

日本人英語学習者は、たとえ上級学習者になったとしても、総称的な文脈において間違った冠詞を選択し続けるということが明らかになっている（Snape, 2013; Snape et al., 2014; Snape, García Mayo, & Gürel, 2013）。Snape et al. (2013) では，Snape (2008a, b) で使用した方法と類似した選択タスクを用いて実験を行った。問題文の文脈は，（10）のように総称的な解釈が可能になっている。

（10）

A：This book gives interesting facts about South America.

B：Like what?

A：For example, ＿＿＿ potato was first cultivated in South America.

Ø　　　　an　　　　a　　　（the）

　（10）の potato は，文脈から判断できる特定のジャガイモを指しているのではなく，ジャガイモ全般を表している。したがって，ここでは定冠詞 the が正しい答えとなる。また，この potato は種レベル述語と言われる特別な述語の用法の影響を受けている。Krifka et al. (1995) によると，種レベル述語は種として解釈できる主語を求める。以下は（10）に関連した種の定義である。

　　the potato は，ある特定のジャガイモ，または山のように積まれたジャガイモを表す，または意味するのではなく，「種類」としてのジャガイモそのものを指す。この用法では，総称の名詞句は「普通の」1 つの個体，または対象を示すのではなく，「種」を示す名詞句である。

（Krifka et al., 1995, p. 2）

　この研究から，L1 から転移する要素に応じて正答率が異なることがわかった。日本人やトルコ人の英語学習者は，スペイン人の学習者に比べ，種レベル述語を表す文脈において，定冠詞を選択することができなかった。日本語やトルコ語には種を表す定冠詞がないため，日本人やトルコ人の英語学習者は上級レベルであったとしても，（10）のような総称を示す定冠詞を選ぶことができなかったと考えられる。面白いことに，トルコ人学習者と日本人学習者では冠詞の選択に違いがあり，トルコ人グループは無冠詞 Ø を選択す

14 | 第1章　日本人英語学習者による冠詞の習得

るが，日本人グループは不定冠詞 a を選択する傾向が見られた。

　Snape（2013）では，Ionin, Montrul, Kim, & Philippov（2011）のタスクを参考に，日本人学習者の種の理解度について調査を行った。この実験では，選択タスクの代わりに許容性判断タスク（Accessibility Judgment Task: AJT）を使った。AJT では，文脈ごとに 1 つの冠詞を選択させるのではなく，実験参加者に 1（受け入れれられない）から 4（完全に受け入れられる）までの幅で各文の許容度を判断してもらった。AJT の例を（11）に示す。

（11）　テスト内容：総称（種）

　　　I have been studying biology today and I found out that many species are no longer alive. For example, I found out ….

　　a.　**the dodo is extinct.**　　　　　　　　　　1　2　3　**4**
　　b.　**dodos are extinct.**　　　　　　　　　　　1　2　3　**4**
　　c.　a dodo is extinct.　　　　　　　　　　　　**1**　2　3　4
　　d.　the dodos are extinct.　　　　　　　　　　**1**　2　3　4
　　e.　dodo is extinct.　　　　　　　　　　　　　**1**　2　3　4

　（11）の extinct は個体レベルで絶滅は起こらないため，種レベルの述語を作り出している。そのため，主語には種を示すことのできる（11a）の定冠詞か，（11b）の複数名詞を使った英文の許容度が高まらなければならない。（11c）から（e）は，dodo を種として示していないため「受け入れられない」が正しい判断になる。この実験の結果，英語母語話者の許容度は，（11a）の定冠詞では平均 3.3 点，（11b）の複数名詞では平均 3.9 点と高かったが，日本人学習者の場合は，定冠詞では平均 2.0 点と許容度が低い一方で，複数名詞では平均 3.6 点と許容度が高かった。また，日本人学習者は，正しい判断ではない（11c）の不定冠詞の許容度も平均 2.2 点となっており，正しい判断である定冠詞より高くなっていた。さらに，スペイン人学習者の許容度は，日本人学習者より英語母語話者の許容度判断に近くなっていた（定冠詞の平均 2.7 点；複数名詞の平均 3.7 点；不定冠詞の平均 1.5 点）。

　Snape & Umeda（2016）は，日本人英語学習者を対象とし，写真照合タス

ク (Picture Matching Task: PMT) により総称文の理解について実験を行った。この実験では，選択タスクや AJT ではなく，PMT が使われたが，その PMT の利点は，ほかのタスクに比べ，実験参加者の判断を単純化させることができることである。例を (12) に示す。

(12) You may be surprised to learn, the snow monkey is indigenous to mountainous areas of Japan.

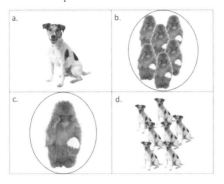

　PMT では，実験参加者は (12) の英文を読み，その内容に合う写真を選ばなければならない。(12) の場合，参加者は monkey という種を選択する必要があるため，正解は b と c の 2 つになる。しかし，下の (13) では種レベル述語が使われてはいない。したがって，種としての monkey ではなく，個体としての monkey (13b) を選ぶことになる。

(13) You can see, the snow monkey is small and cute.

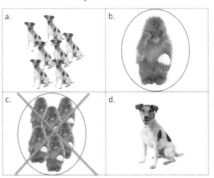

16 ｜ 第1章　日本人英語学習者による冠詞の習得

　実験の結果，日本人学習者は（12）ではｂとｃの両方を，（13）ではｂのみ
を正しく選ぶことができた。つまり，日本人学習者の総称性と「種」という
概念を扱った研究では，学習者は冠詞を選択するということでは迷うが，写
真を選ぶというタスクでは，文章に合う写真を選ぶことができるようであ
る。

3.1.3　定性の効果に関する研究

　Snape & Sekigami（2016）では，中級上と上級レベルの日本人学習者を対
象に，存在を示す there 構文といわゆる定性効果（definiteness effect: DE）に
ついて検証を行った。英語の DE には制限があり（Milsark, 1974），定冠詞と
存在を示す there 構文を同時に使うことはできない[5]。したがって，存在を示
す there の場合，通常（14a）や（14c）のように不定冠詞を伴った名詞句が意
味上の主語となり，定冠詞を伴った（14b）や（14d）のような英文は非文と
なる[6]。

（14）a.　There is a student in the classroom.

　　　b.　*There is the student in the classroom.

　　　c.　There isn't a student in the classroom.

　　　d.　*There isn't the student in the classroom.

　実験参加者は英文で与えられた文脈を読み，その下に書かれた英文が文脈
に対して自然な英文かどうか判断するように指示された。文法的に正しい英
文の例を（15）に，非文法的な英文の例を（16）に示す。

（15）　文法的な英文（不定冠詞）

　　　Lisa and Denis were moving into a new apartment. Lisa was worried about
　　　how to get their furniture upstairs, because the elevator looked too small.
　　　Denis said: Don't worry, there's also a big elevator in this building.

5　ただし，there が場所を示す副詞句として機能する場合，定冠詞を伴った名詞句や固有
名詞など，定冠詞とともに使用できる。
6　日本語にも DE はあるが，英語のような冠詞はないため，DE の働きは英語とは異なる。

(16)　非文法的な英文（定冠詞）

Tom has to make copies of a report but he can't find a photocopier. He
asks the secretary what to do. She says: There's the most reliable copy
machine downstairs.

　実験の結果，日本人の上級英語学習者は，存在を表す there 構文の文法性
を正しく判断することはできるが，非文法的な文の判断には習熟度が影響し
ており，習熟度が低いと正答率も低くなることがわかった。

3.2　第二言語における発話の検証

　習熟度の低い学習者は，発話において適切な形態素を使うことが困難であ
る。Chaudron & Parker（1990）や Snape（2002）などでは，日本人英語学習者
が，発話の際に冠詞を省略（つまり，無冠詞 Ø を選択）するかどうか検証を
行った。Snape は，指示を使ったコミュニケーションタスク（Robertson,
2000）を使い，中級と上級学習者から発話データを集めた。そのタスクは，
2 人の実験参加者を話し手と聞き手に分け，聞き手が話し手の指示する通り
に特定の形を描くというものである。実験の規模は小さかったが，結果とし
て，習熟度と冠詞の省略は関連しており，習熟度の低い学習者は，より頻繁
に冠詞を省略する傾向にあることが明らかになった。

　Snape（2008a）では，（17）のような英文を使った物語想起タスクを行い，
日本人英語学習者の主な誤りは，冠詞の過剰使用ではなく省略であるという
ことを提案している。

(17)　An elderly woman's daughter watched a young man run quickly down
platform three to catch the next train to London. The daughter of the
elderly woman caught the same train, but took her time, strolling down the
platform. "I thought the train was leaving" the young man said. "They
can't find a driver," the elderly woman's daughter replied.

　物語想起タスクでは，1 つの物語を 2 回聞いた後で，その物語を思い出し
て話すよう指示が与えられた。実験参加者が物語を思い浮かべることができ

るように，Microsoft PowerPoint のスライドを使ってモニター画面に物語に
関する手がかりが与えられた。参加者は，スライドに提示された手がかりを
使い，その物語を話すよう促された。実験の結果，日本人の中級と上級の学
習者は，可算名詞と形容詞の付いた可算名詞の前では，定冠詞と不定冠詞の
両方を省略することがわかった。定冠詞の省略は，中級グループで 19%，
上級グループで 14% であったが，不定冠詞の省略は，中級グループで
27%，上級グループで 11% であった。

　SLA 研究では，このような省略が起こる理由について，いろいろな提案
が行われている。例えば，表層屈折要素欠落仮説（Missing Surface Inflection
Hypothesis: MSIH）（Prévost & White, 2000）と韻律転移仮説（Prosodic Transfer
Hypothesis: PTH）（Goad & White, 2004）という 2 つの仮説では，省略が起こ
る理由を議論するだけではなく，どのような場合に冠詞の省略が起こるのか
予測することを試みている。

　MSIH では，学習者が抽象的な素性を形態素に関連付けできない場合に省
略が起こると予測している。冠詞の場合，D の [±definite] の素性は，[+definite]
を the に，[−definite] を a に関連付けなければならない。しかし，MSIH で
は，いつどのような場合にこの関連付けが上手くいかないのか予測すること
ができない。一方，PTH では，素性と形態素の関連付けがいつ起こるのか
予測することができる。PTH は，もともと形態素の省略は，L1 の韻律の転
移が原因であるとする仮説である。L1 の韻律構造が L2 の韻律構造と異な
る場合，または L2 の形態素に対応する韻律構造が L1 にはない場合，削除
（つまり省略）されると予測する。Snape（2007）は，おそらく日本語の韻律
構造が L2 の英語の構造とは異なり，また学習者は，英語の冠詞に適応する
ために日本語の韻律構造を再構築させることができないため，日本人学習者
は冠詞を省略していると主張している。

4.　教育的意義

　ここまでは，主に理論的に日本人英語学習者の冠詞の習得について説明し
てきた。そして，L1 と L2 に違いがあったとしても，上級レベルの日本人
英語学習者は冠詞を習得することができるため，日常会話や英文を書く際に

も非常に正確に冠詞を使用することができると考えられる。しかし，日本では，習熟度の低い学習者が冠詞の使用に苦労しているため，冠詞の使用例を多く掲載した専門的な書籍が日本語でも出版されている（e.g., 正保, 2016）。また，大学生などの成人の学習者であれば，大学で英語の授業を受講し，文法の理解を深めることもできる。ただし，このような授業を履修したとしても，冠詞の様々な用法について詳しく述べている英語の教科書は少ないため，教師が冠詞の使用や規則について時間をかけて指導することはあまりない[7]。したがって，学習者が英語の冠詞の習得に苦労する一因として，文法の指導が不十分であることが挙げられる。

　特定の文法項目について，指導を行ったグループと指導が与えられていない統制群に対し事前テストや事後テストを行い，指導の効果が一定期間継続するかどうか調べた研究もある。例えば，Spada & Tomita（2010）や Trahey & White（1993）では，指導によって短期間で明示的知識を増やすことはできたが，長い期間かけたとしても明示的知識から暗示的知識に移行することはなかったことを報告している[8]。

　冠詞の指導についても，ある程度効果があることが提案されている（Master, 1990, 1994）。Master（1994）は，日本語，中国語，韓国語，スペイン語，イタリア語など，様々なL1の英語学習者に対し，週3回の指導を9週間にわたって行った。実験参加者の英語の習熟度は，中級上から上級下であった。実験参加者のうち，14人を指導グループ，33人を指導が与えられない統制群とした。Masterは，58項目から成る様々な冠詞の用法に関する空所補充タスクにより，学習者の冠詞の知識を測った。実験では，空所のある英文が書かれており，その下には a, an, the，または冠詞なし（Ø）の選択肢があった。実験参加者は，その選択肢から1つ選び丸を付けるよう指示が与えられた。指導の際は，Master（1986）が分類した（18）のような6つのタイプに焦点を当て，指導が行われた。

7　Cole（2000）や Yoo（2009）を参照してほしい。

8　指導の効果に関する研究では，長期間にわたって実験参加者を観察することができないため，ここでの「長期間」とは，年単位ではなく週単位を指す。

（18）
- （ⅰ） 可算ー不可算（例：grass（不可算，質量名詞）），単数（例：tree（単数））ー複数（例：flowers（複数））の区別
- （ⅱ） 不定冠詞 [a, an, Ø]ー定冠詞 [the] の区別
- （ⅲ） 前置修飾（名詞の前の形容詞）ー後置修飾（名詞の後の関係詞節）の区別
- （ⅳ） 特定ー総称の区別
- （ⅴ） 普通名詞（例：a doctor）ー固有名詞（例：Dr. Smith）の区別
- （ⅵ） 慣用句（例：on Ø edge）ー非慣用句（例：on the edge）の区別

　指導は，6 週を 3 週ずつに分け，最初の 3 週間は（ⅰ）から（ⅲ）に焦点を当てた指導を行い，後の 3 週間は（ⅳ）から（ⅵ）について指導を行った。指導の際，実験参加者は空所補充問題に取り組んだ上で，その名詞句が特定的か総称的かを説明する練習を行った。

　ここ数年の間に様々な研究が行われ，冠詞の使用や選択の際に起こり得る困難さの要因について，より詳細に検証されるようになった。第 3 節で見てきたように，多くの英語学習者にとって冠詞の習得が困難である理由は様々である。しかし，L2 学習者は冠詞の用法について十分に理解することができる。Snape & Yusa（2013）や Snape et al.（2016）は，Master（1994）と同様に，指導の効果について調査を行った。彼らの研究は，素性を形態素に関連付ける統語と形態のインターフェイスに焦点を当てたものである。Snape & Yusa では，16 人の中級上レベルの日本人英語学習者を指導グループと統制群に分けた。学習者は，指導を受ける前に事前テストとして，選択タスク，AJT，聞き取りタスクの 3 種類のタスクに取り組んだ。この実験で取り扱ったテスト項目は，定性，特定性，総称性に関するものである。指導は 3 週間にわたり行われ，毎週 1 回あたり 70 分間の指導が与えられた。指導グループは，1 週目に定性と特定性について英語で指導を受け，2 週目に冠詞を理解する練習問題に取り組み，さらに 3 週目には総称性について指導を受けた。指導終了直後に，両グループの参加者は事後テストを受け，それから 2 週間後に遅延事後テストを受けた。実験の結果，事前テストと 2 回の事後テストの間に大きな変化は見られなかった。言い換えれば，この実

験では指導の効果はなかったと言える。また，Snape et al.（2016）は，Snape & Yusa（2013）の研究の問題点を改善し，追実験を行った。Snape & Yusa では，事前テストと事後テストに3種類のテストを行ったが，Snape et al. の研究では，定性，特定性，総称性に関する AJT のみ作成した。さらに，指導期間を3週間から9週間に延ばし，すべての指導を英語ではなく日本語で行うことにした。指導グループは21人の中級上レベルの日本人学習者であり，統制群は16人の中級上レベルの日本人学習者であった。指導は事前テスト直後に開始され，最初の3週間は，総称性のみに重点を置いた。Snape & Yusa の結果と比較するため，事後テスト1を最初の3週間の指導を終えたところで実施した。続く数週間は，定性と特定性の概念について指導が与えられ，最後の2週間は，それまでの指導の復習が行われた。指導の際は，定性，特定性，総称性が判断できるように対話文や英文を書くという課題が与えられた。指導後，両グループの実験参加者は事後テスト2に参加した。事後テスト3は事後テスト2から12週間後に行われた。その結果，指導グループでは，冠詞の用法と選択に関する明示的知識が増え，特に総称性について指導が与えられた直後に行った事後テスト1では，事前テストに比べて，総称的文脈で正しく定冠詞が使われた英文の許容度がかなり増えた。また，定冠詞の許容度は4点中3.3点であり，不定冠詞（4点中2.8点）や無冠詞（4点中1.3点）より高い許容度を示した。さらに，事後テスト2と3の結果は，事後テスト1とほぼ同じであり，総称性に関する明示的知識が短期間で向上し，その後もその知識が保持されたと推察される。しかし，この実験では，学習者の明示的知識が暗示的知識に移行するのか，という疑問については直接答えることはできなかった[9]。

5.　おわりに

　日本人英語学習者の冠詞の理解の過程や産出する際に起こる誤りの原因については，個人差もあり，なかなか説明することは難しい。本稿で解説してきたように，選択タスク，AJT, PMT など，様々なタスクを利用することで，

9　明示的知識と暗示的知識については，VanPatten（2016）を参照してほしい。

学習者の誤りについて検証することができる。また、物語想起タスクや指示を使ったコミュニケーションタスクなどは、発話を引き出すためには有効な方法である。要素間のインターフェイスを考えることで、冠詞のない言語をL1とする学習者が英語のような冠詞を習得する際に、どのような問題に直面するのか予測することもできる。

　本稿で扱ったタスクの多くは、古くから使われている紙とペンを使った、いわゆる「オフライン」タスクであるが、最近では、自己ペース読文法／聴解法、視線追従法、脳電図（EEG）や機能的磁気共鳴イメージング（fMRI）など「オンライン」タスクの利用がより一般的になりつつある。今後オフライン／オンラインの手法を用いたテストを行うことで、英語学習者の冠詞習得に関する疑問や謎を少しでも解明することができるだろう。

参考文献

Chaudron, C., & Parker, K. (1990). Discourse markedness and structural markedness: The acquisition of English noun phrases. *Studies in Second Language Acquisition*, *12*(1), 43–64.

Chierchia, G. (1998). Reference to kinds across languages. *Natural Language Semantics*, *6*, 339–405.

Christophersen, P. (1939). *The articles: A study of their theory and use in English*. Copenhagen: Munksgaard.

Chomsky, N. (1995). *The minimalist program*. Cambridge, Mass: London, MIT Press.

Cole, T. (2000). *The article book: Practice toward mastering a, an and the*. Ann Arbor: The University of Michigan Press.

Fukui, N. (1995). *Theory of projection in syntax*. Stanford: CSLI & Tokyo: Kurosio publishers.

García Mayo, M. P. (2008). The acquisition of four nongeneric uses of the article the by Spanish EFL learners. *System*, *36*(4), 550–565.

Givón, T. (1978). Definiteness and referentiality. In J. H. Greenberg, C. A. Ferguson, & E. A. Moravcsik (Eds.), *Universals of human language, vol. 4: Syntax* (pp. 291–330). Stanford: Stanford University Press.

Goad, H., & White, L. (2004). Ultimate attainment of L2 inflections: Effects of L1 prosodic structure. In S. Foster-Cohen, M. Ota, M. A. Sharwood Smith, & A. Sorace (Eds.), *EUROSLA Yearbook*, *4*, 119–145. Amsterdam: John Benjamins.

Goad, H., & White, L. (2008). Prosodic structure and the representation of L2 functional morphology: A nativist approach. *Lingua, 118*(4): 577–594.

Hawkins, J. A. (1978). *Definiteness and Indefiniteness: A Study in Reference and Grammaticality Prediction*. London, Croom Helm.

Hawkins, R., Al-Eid, S., Almahboob, I., Athanasopoulos, P., Chaengchenkit, R., Hu J., Rezai, M., Jaensch, C., Jeon, Y., Jiang, A., Leung, I., Matsunaga, K., Ortega M., Sarko, G., Snape, N., & Velasco-Zarate, K. (2006). Accounting for English article interpretation by L2 speakers. In S. H. Foster-Cohen, M. M. Krajnovic, & J. M. Djigunovic. *EUROSLA Yearbook, 6*, 7–25. Amsterdam: John Benjamins.

Huebner, T. (1985). System and variability in interlanguage syntax. *Language Learning, 35*(2), 141–163.

Ionin, T., Ko, H., & Wexler, K. (2004). Article semantics in L2-acquisition: The role of specificity. *Language Acquisition, 12*(1), 3–69.

Ionin, T., Montrul, S., Kim, J.-H., & Philippov, V. (2011). Genericity distinctions and the interpretation of determiners in L2 acquisition. *Language Acquisition, 18*, 242–280.

Ionin, T., Zubizarreta, M. L., & Maldonado, S. B. (2008). Sources of linguistic knowledge in the second language acquisition of English articles. *Lingua, 118*(4), 554–576.

Jackendoff, R. (1997). *The architecture of the language faculty*. Cambridge, MA: MIT Press.

Krifka, M., Carlson, G. N., & Pelletier, F. J. (Eds.) (1995). *The generic book*. Chicago: The University of Chicago Press.

Kuribara, C. (1999). Resettability of a syntactic parameter: Acquisition of category D in English by adult Japanese speakers. In P. Robinson (Ed.), *Representation and Process*: *Proceedings of the 3rd Pacific Second Language Research Forum*. PacSLRF, Tokyo, 13–22.

Lado, R. (1957). *Linguistics across cultures*. Ann Arbor: University of Michigan Press.

Lardiere, D. (2000). Mapping features to forms in SLA. In J. Archibald (Ed.), *Second language acquisition and linguistic theory* (pp. 102–129). Oxford: Blackwell.

Lardiere, D. (2008). Feature-assembly in second language acquisition. In J. M. Liceras, H. Zobl, & H. Goodluck (Eds.), *The role of formal features in second language acquisition, second language research acquisition series* (*Theoretical and Methodological Issues*). New York and London: Lawrence Erlbaum Associates.

Lardiere, D. (2016). Missing the trees for the forest: Morphology in second language acquisition. *Second Language, 15*, 5–28.

Liu, D., & Gleason, J. L. (2002). Acquisition of the article *the* by nonnative speakers of English: An analysis of four nongeneric uses. *Studies in Second Language Acquisition, 24*, 1–26.

Lyons, C. (1999). *Definiteness*. Cambridge: Cambridge University Press.

Master, P. (1986). *Science, medicine, and technology: English grammar and technical writing*. Englewood Cliffs, NJ: Prentice Hall.

Master, P. (1990). Teaching the English articles as a binary system. *TESOL Quarterly*, *24*(3), 461–478.

Master, P. (1994). The effect of systematic instruction on learning the English article system. T. Odlin (Ed.), *Perspectives on pedagogical grammar* (pp. 229–252). Cambridge: Cambridge University Press.

Milsark, G. (1974). *Existential sentences in English*. Cambridge, MA: MIT.

Montrul, S., & Ionin, T. (2010). Transfer effects in the interpretation of definite articles by Spanish heritage speakers. *Bilingualism: Language and Cognition*, *13*(4), 449–473.

Montrul, S., & Ionin, T. (2012). Dominant language transfer in Spanish heritage speakers and second language learners in the interpretation of definite articles. *The Modern Language Journal*, *96*(1): 70–94.

Parrish, B. (1987). A new look at methodologies in the study of article acquisition for learners of ESL. *Language Learning*, *37*, 361–383.

Prévost, P., & White, L. (2000). Missing surface inflection or impairment? Evidence from tense and agreement. *Second Language Research*, *16*(2): 103–133.

Robertson, D. (2000). Variability in the use of the English article system by Chinese learners of English. *Second Language Research*, *16*(2): 135–172.

Schwartz, B. D., & Sprouse, R. A. (1996). L2 cognitive states and the Full Transfer/Full Access model. *Second Language Research*, *12*(1): 40–72.

Shirahata, T. (1995). The Japanese learner's long-term attainment in English articles. *JACET Bulletin*, 26, 113–130.

正保富三．（2016）．『英語の冠詞がわかる本（改訂版）』東京：研究社．

Snape, N. (2002). *Variability in the Use of the English Article System by Japanese learners of English*. UK, University of Essex. Unpublished MA dissertation.

Snape, N. (2005a). The use of articles in L2 English by Japanese and Spanish learners. *Essex Graduate Student Papers in Language and Linguistics*, *7*, 1–23.

Snape, N. (2005b). The certain uses of articles in L2-English by Japanese and Spanish speakers. *Durham and Newcastle Working Papers in Linguistics*, *11*, 155–168.

Snape, N. (2006). L2 acquisition of definiteness and specificity in English by advanced Japanese and Spanish learners. *Language Acquisition and Development. Proceedings of the Generative Approaches to Language Acquisition Conference*. Cambridge, UK, Cambridge Scholars Press/CSP, 591–596.

Snape, N. (2007). Japanese speakers' article omission in L2 English: Evidence against the Prosodic Transfer Hypothesis? *Proceedings of the 2nd Conference on Generative Approaches to Language Acquisition North America (GALANA)*. A. Belikova, L. Meroni and M. Umeda, Somerville, MA: Cascadilla Proceedings Project, 394–405.

Snape, N. (2008a). *The acquisition of the English determiner phrase by L2 learners:*

Japanese and Spanish. Saarbrücken, Germany: VDM Verlag.

Snape, N. (2008b). Resetting the Nominal Mapping Parameter in L2 English: Definite article use and the count–mass distinction. *Bilingualism: Language and Cognition, 11*(1), 63–79.

Snape, N. (2009). Exploring Mandarin Chinese speakers' article use. In N. Snape, Y.-k. I. Leung, & M. Sharwood Smith (Eds.), *Representational deficits in SLA: Studies in honor of Roger Hawkins* (pp. 27–51). Amsterdam: John Benjamins.

Snape, N. (2013). Japanese and Spanish adult learners of English: L2 acquisition of generic reference. *Studies in Language Sciences: Journal of the Japanese Society for Language Sciences*, 12: 70–94.

Snape, N., & Kupisch, T. (2016). *Second language acquisition: Second language systems.* United Kingdom: Palgrave Macmillan.

Snape, N., & Sekigami, S. (2016). Japanese L2 speakers' acquisition of the English definiteness effect. In S. Fischer, T. Kupisch, & E. Rinke (Eds.), *Definiteness effects: Bilingual, typological and diachronic variation* (pp. 424–446). Cambridge, UK: Cambridge Scholars Press.

Snape, N., & Umeda, M. (2016). Definite generic vs. definite specific: Can Japanese L2 learners distinguish between them? *EUROSLA* 2016. Jyväskylä, Finland.

Snape, N., & Yusa, N. (2013). Explicit article instruction in definiteness, specificity, genericity and perception. In M. Whong, K.-H. Gil, & H. Marsden (Eds.), *Universal grammar and the second language classroom* (pp. 161–183). Netherlands: Springer.

Snape, N., García Mayo, M. P., & Gürel, A. (2013). L1 transfer in article selection for generic reference by Spanish, Turkish and Japanese L2 learners. *International Journal of English Studies, 13*(1), 1–28.

Snape, N., Leung, Y.-k. I., & Ting, H. C. (2006). Comparing Chinese, Japanese and Spanish Speakers in L2 English article acquisition: Evidence against the fluctuation hypothesis? *8th Generative Approaches to Second Language Acquisition Conference*, Conference (132–139), Somerville, MA, Cascadilla Proceedings Project.

Snape, N., Umeda, M., Wiltshier J., & Yusa, N. (2016). Teaching the Complexities of English Article Use and Choice for Generics to L2 Learners. *Proceedings of the 13th Generative Approaches to Second Language Acquisition Conference* (*GASLA 2015*), Conference (208–222), Somerville, MA, Cascadilla Proceedings Project.

Snape, N., Hirakawa, M., Hirakawa Y., Hosoi, H., & Matthews J. (2014). L2 English Generics: Japanese Child Returnees' Incomplete Acquisition or Attrition? *Second Language Research Forum*, Conference (155–169), Somerville, MA, Cascadilla Proceedings Project.

Spada, N., & Tomita, Y. (2010). Interactions between type of instruction and type of language feature: A meta-analysis. *Language Learning, 60*(2), 263–308.

Stvan, L. (2009). Semantic incorporation as an account for some bare singular count noun uses in English. *Lingua*, *119*(2), 314–333.

Suda, K. (1998). *The acquisition of functional categories by Japanese speakers of learning English*. UK, University of Essex. unpublished MA dissertation.

Sudo, M. M., & Kaneko, I. (2005). Acquisition process of English Rhythmic patterns: Comparison between native speakers of English and Japanese junior high school students. *JACET Bulletin*, *40*, 1–15.

Trademan, J. E. (2002). The acquisition of the English article system by native speakers of Spanish and Japanese: A cross-linguistic comparison. Albuquerque, U.S., University of New Mexico. Ph.D. thesis.

Trahey, M., & White, L. (1993). Positive evidence and preemption in the second language classroom. *Studies in Second Language Acquisition*, *15*(2), 181–204.

Trenkic, D. (2007). Variability in L2 article production: Beyond the representational deficit vs. processing constraints debate. *Second Language Research*, *23*(3), 289–327.

Trenkic, D. (2008). The representation of English articles in second language grammars: Determiners or adjectives? *Bilingualism: Language and Cognition*, *11*(1), 1–18.

VanPatten, B. (2016). Why explicit knowledge cannot become implicit knowledge. *Foreign Language Annals*, *49*(4), 650–657.

Wakabayashi, S. (1997). *The acquisition of functional categories by learners of English*. Cambridge, UK: University of Cambridge.

Wakabayashi, S. (1998). Systematicity in the use of the definite article by Japanese learners of English. *Gunma Prefectural Women's University Bulletin*, *19*, 91–107.

Wakabayashi, S. (2009). Lexical learning in second language acquisition: Optionality in the numeration. *Second Language Research*, *25*(2), 335–341.

White, L. (2003). Fossilization in steady state L2 grammars: Implications of persistent problems with inflectional morphology. *Bilingualism: Language and Cognition*, *6*(2), 129–141.

White, L. (2011). Second language acquisition at the interfaces. *Lingua*, *121*(4), 577–590.

Xu, Q., Shi, Y., & Snape, N. (2016). A study on Chinese students' acquisition of English articles and interlanguage syntactic impairment. *Chinese Journal of Applied Linguistics*, *39*(4), 459–483.

Yoo, I. W. (2009). The English definite article: What ESL/EFL grammars say and what corpus findings show. *Journal of English for Academic Purposes*, *8*, 267–278.

第*2*章

日本人英語学習者による
指示表現と有生性の関連
―代名詞と名詞句の選択―

小川睦美

1. はじめに

　第二言語（L2）学習者の産出では，（1）の文における *dogs* のように**指示対象（referent）**が同一の名詞句によって繰り返されることがある。

(1)　*Dogs* can make us comfortable. *Dogs* are very cute! Whenever we see *dogs*, we are smile and happy. When we are sad, *dogs* approach me and sit next to me. It looks as if *they* say never mind!

しかし，（1）の最後の文の *they* のように，指示対象が代名詞で言い換えられることもある。指示対象が二度以上繰り返される際，再び名詞句で指示するという**過剰明示（over-explicitation）**[1] の現象は，習熟度レベルの比較的高いL2学習者であっても見られる。本研究では，このような名詞句と代名詞の使い分けについて調査を行った。特に，指示対象の種類や数，一度談話に登場した対象が再び言及されるまでの**指示距離（referential distance）**といった違いが，名詞句の繰り返しに関連しているのかを検証した。

1　over-explicitation という用語は，under-explicitation という語とともに，Hendriks（2003）によって使用されている。

[27]

2. 研究の目的と意義

　名詞句と代名詞の入れ替えにおいてまず疑問なのは，代名詞を使用することが，L2 学習者にとってどの程度困難なのかという点である。日本人中学生を調査した Suda & Wakabayashi（2007）によると，代名詞の主格と目的格は，中学 2 年生になると比較的正確に使用できるようになり，白畑（2015）では，大学生が代名詞の格変化についてそれほど誤りを犯さないことが指摘されている。したがって，代名詞の形態的な使用の難しさが，名詞句の過剰明示の主な原因であるとは考えにくい。

　また，談話全体として意味のつながる，つまり一貫性（**coherence**）のある文章を書くには，明示的な言語表記によって文と文のつながり，すなわち結束性（**cohesion**）を保つ必要があり，代名詞による指示は，文章の結束性を保つ手段の 1 つである。平林（2004）は，初級レベルの学習者がどのような手段で結束性を保つのかを分析した。その結果，代名詞や，this や that などの指示詞による指示表現が比較的多く使われることから，これらは指導をしなくても自然と身に付きやすい結束の種類だとしている。しかし，代名詞などによる指示と同程度の頻度で，同一名詞句の使用を含む語彙による結束も使用されていたことに目を向けると，代名詞と名詞句の適切な使い分けが指導なしに習得できるとは言い切れない。英語教育の場でも，代名詞の代わりに，定冠詞句（the＋名詞句）で指示対象を繰り返して指すことは非文法的とみなされないため，英語母語話者にとって不自然な場合があるにもかかわらず，その区別が曖昧にされている。このように，指示表現における代名詞と名詞句の区別は，明示的に指導されているとは言い難く，上級レベルの学習者になっても過剰明示が見られる一因となっている可能性がある[2]（Crosthwaite, 2013）。

　名詞句による過剰明示の原因としてよく挙げられるのは，言語処理の問題である。例えば，文章の読解中にアクセスできる情報として，母語話者は少なくとも 5–6 文前の記憶情報にまでアクセスできるが，L2 学習者ではそれ

2　ライティング添削では，明示的に訂正されている可能性はある。また，冠詞の使用についても指導されている可能性はあるが，その習得の難しさから考えると効果的な指導はされていないと言えるだろう。

が制限されてしまい，1文前までの記憶情報しかアクセスできないという報告がある（Morishima, 2013）。代名詞で照応関係を成立させるには，単一節内を超え，複数の節の情報を同時に処理することが要求される。しかし，語彙を選択し，文を構築する中で，照応関係を作るために必要な**認知資源**（**cognitive resources**）が足りなくなることで，言語処理能力に負荷がかかり，L2学習者が代名詞の使用を避ける原因となっている可能性がある。

　また，物語発話などの即時的な産出タスクが，学習者の言語処理能力に負荷をかけ，学習者は本来できることができなくなることも考えられる（Hendriks, 2003）。つまり，負荷がなければ代名詞を用いて照応関係を作れるが，産出タスクにおける負荷がそれを阻害している可能性である。しかし，この説明は，即時的な処理負荷が比較的低いライティングのタスクにおいて，同様の名詞句の繰り返しが見られることの説明にはなり難い。ライティングは発話と異なり，自らが産出した言葉を視覚的に振り返ることができるため，照応関係を作り出すための処理負荷は，発話時より少ないと考えられる。筆者の知る限り，言語処理以外の要因，もしくは言語処理における負荷を引き起こす何らかの二次的要因については十分に議論されているとは言えず，制限時間を設けないようなライティングタスクにおける過剰明示の原因は明白ではない。また，先行研究での調査対象の大部分が，物語などを用いた人物の指示であり，対象の違い（人か物かなど）が，名詞句と代名詞の使い分けに影響を与えるのかといったことは明らかではない。

　そこで本研究は，日本人英語学習者が書いたエッセイを分析し，指示対象の種類（有生物，無生物），数（単数，複数），指示距離などの要因が，名詞句による過剰明示に関連するのかを検証することを目的とする。L2産出における過剰明示は，先行研究において多数報告されてきたにもかかわらず，その要因を上記のような視点で追及した研究はほとんどなく，本研究はこの現象について新たな知見をもたらす可能性がある。

　L2における代名詞の習得研究では，先行詞と代名詞の照応可能性や，代名詞と再帰代名詞の交替などの文文法レベルの現象を，統語論の枠組みを利用して分析し，統語的制約が習得できるのか否かを議論する研究が多かった（Hirakawa, 1990; White, 1990）。それに比べて，名詞句と代名詞の使い分けが表す談話機能の習得可能性については，十分に議論されているとは言えな

い。L2 学習者が母語話者と同レベルで言語を使用できないのは，このような言語形式が表す談話機能の違いをきちんと習得できていないことに起因するのだとすれば（Sorace & Filiaci, 2006），本研究によって，特定の言語環境でL2 学習者特有の言語使用が見られるのかを明らかにすることは，言語習得研究の観点から見ても意義がある。また，名詞句の過剰明示について，何らかの法則性が明らかになれば，L2 学習におけるつまずきを解消する一助にもなるだろう。

3. 先行研究

3.1 L2 における過剰明示

　名詞句による過剰明示は，学習者の第一言語（L1）やL2 との組み合わせ，話し言葉か書き言葉かという産出の形式にかかわらず，L2 習得において見られる現象だと考えられる。例えばFerris（1994）は，L1 は異なるが，同じL2 を目標言語とする学習者グループのライティングを比較し，習熟度の低い学習者は同一名詞句を繰り返すことで文章に結束性を持たせようとするが，習熟度の高い学習者は同義語や反意語，受動態などの多様な構文を用いて結束性のある文章を書くと報告している。またHendriks（2003）は，L1 は同じだが，異なるL2 を目標言語する学習者グループの発話データを比較し，談話の構成や，指示に関連するL2 特有の言語表現の使用の難しさを指摘し，過剰明示を引き起こす要因は様々だと述べている。

　先行研究において，過剰明示は名詞句と代名詞との関係の場合だけでなく，(2) で見られるような**ゼロ照応形（zero anaphor, ø）**との比較も含めて報告されている（Crosthwaite, 2013）。指示表現を何も用いない，いわゆる省略であるゼロ照応形が最も暗示的であり，代名詞，名詞句の順で明示的になっていくと考える（ゼロ照応形→代名詞→名詞句）。L2 学習者の過剰明示という現象は，母語話者がゼロ照応形を使う文脈で学習者は代名詞を用いたり，代名詞を使う文脈で名詞句を用いたりすることを指している。

(2)　*John* went to the school library and [ø / he / John] met a friend *Mary* there. [She / Mary] had a lot of books around her and [ø / she / Mary] was studying for an exam next week.

　Crosthwaite（2013）は，L1 北京語話者と L1 韓国語話者の L2 英語での物語発話における人物指示について，学習者の習熟度や L1 の違いも含め，どのような特徴が見られるのかを調査した。その結果，特に（2）における *John* や *Mary* のように，談話の中に一度出てきた人物を，後述の文で引き続き言及する**指示継続（reference maintenance）**の文脈において，L2 学習者は母語話者より名詞句を多く使用すること，ゼロ照応形が使える場面でも代名詞を多く使用することを報告している。学習者の L1 である北京語や韓国語では，指示継続にゼロ照応形を用いることが多く，この結果は L1 転移によるものではないと考えられる。また母語話者と比較して，どの習熟度の学習者も過剰に名詞句や代名詞を使う傾向が見られたが，Crosthwaite は，習熟度別に異なる特徴があるのではないかと主張している。まず指示表現の形式的特徴として，初級レベルは，（3a）の *teacher, ladder, ball* のように，冠詞や指示詞などの限定詞を伴わない名詞句である**裸名詞（bare noun）**を多用することや，（3a）の have や try の主語が省略されているように，接続詞がないにもかかわらず主語を省略するなど，不適切なゼロ照応形が多いことを挙げている。そして中級レベルでは，（3b）の最後の *he* が，the boy か his friend のどちらを指しているのかわからないように，不明瞭な照応が多く見られる。（3a）や（3b）のような不適切な指示表現の使用は，L2 学習者が自ら発話した内容を前後で正確に結びつけることができないことに起因していると，Crosthwaite は指摘している。

（3）　a.　*teacher* come. *ladder* have. try *ball* erm[3].　　（Crosthwaite, 2013, p. 325）

　　　b.　<u>the boy</u> erm one day at the morning a bo — a boy erm took his basketball to to school. and when he arrived to school. he meet <u>his friend</u>. and they went to the basketball field. and played the basketball together. and *he* was very happy.　　　（Crosthwaite, 2013, p. 326）

3　erm は，日本語の「えー」「あのー」などの言い淀みに相当するフィラー（filler）の一種である。

またCrosthwaite（2013）は，L2学習者は習熟度が上がるにつれて，特定の言語形式に言語外の情報を付与するという**言語形式と機能のマッピング**（**form-function mapping**）ができるようになると考えている。そのため上級レベルでは，裸名詞と限定詞を伴う名詞句を使い分けることができるようになるだけでなく，代名詞による曖昧な照応がなくなるなど，構造（文法）上の誤りの大半はなくなると報告している。しかし，上級レベルになったとしても，過剰明示の傾向は残っており，Crosthwaiteはその要因の1つとして，L2学習者は曖昧に表現するより明瞭に伝えたいという独自の志向を持っていることを提起している。

　その他の要因として，発話につながりを持たせて表現する難しさや，L1とL2における指示継続に使用する言語形式の違いなど，複数の困難に直面することで，L2学習者は先行詞と照応形を結びつける処理がうまくできなくなり，過剰明示につながっているのかもしれないと，Crosthwaite（2013）は述べている。しかし，具体的に何の影響が強いのかということに関して，十分には調査されておらず，言語形式の複雑性が起因しているのか，L1からの干渉か，記憶容量など学習者内要因が関わっているのかなど，疑問が残っている。指示関係の処理の難しさの要因の1つである指示距離については，先行研究でも触れられているので，まずそちらを見てみよう。

3.2　指示距離

　指示距離とは，談話に登場した指示対象が再び言及されるまでの距離のことを指している[4]。例えば(4)では，先行詞 *David* と代名詞 *he* の距離は，(4a)より(4b)の方が長い。また一般的に，先行詞と照応形の間の距離が長いほど，人は文章を理解する時間が長くなることは，古くから知られている（Lesgold, Roth, & Curtis, 1979）。

(4)　a.　*David* went to the park. *He* played football with his friend.

　　　b.　*David* went to the park. It was raining heavily, but *he* played football

---

4　この距離を測る単位を，Givón（1995）は節としている。照応関係を含む，より大きな枠組みである Halliday & Hasan（1976）のテキスト分析のスキームでは，2つの言語表現のつながりを tie と言い，ピリオドで区切られた文を tie の距離を測る単位としている。

with his friend.

Givón (1983, 1995) は，L1 のデータをもとに，指示表現を**話題の継続性**（**Topic continuity**）の観点から分析し，照応形の形式と指示距離の関連を示している (1995, p. 71)。具体的には，指示対象が話題として継続する場合，より暗示的な形式（ゼロ照応形や代名詞）が選択され，それに伴い指示距離も短くなる傾向にある。逆に，より明示的な形式（定冠詞句）の使用は，現在の話題が終了することを示しており，話題の転換や以前言及された話題が再度取り上げられることを意味し，指示距離も長くなる傾向にある。

L2 を対象とした研究では，Hendriks (2003) が**局所的指示**（**local reference**）と**非局所的指示**（**non-local reference**）における指示表現の違いを調査している。局所的指示とは，時制を表す動詞を含む**定形節**（**finite clause**）を節の単位とし，(5) のように，指示対象 (*the horse*) を含む節の直後の節で，**同一指示**（**coreference**）の表現 (*he*) が使用される環境である。非局所的指示は (6) のように，指示対象 (*the horse*) を含む節と同一指示の表現 (*the horse, he*) を含む節が，1 つ以上の節で隔てられている環境である。

(5)　局所的指示：
　　　The horse comes to a fence / and *he* wants to jump over
(6)　非局所的指示：
　　　The horse comes to the fence / There is a cow on the other side of the
　　　fence / and *the horse* (or *he*) wants to jump over

(Hendriks, 2003, p. 299)

Hendriks (2003) では，物語の発話を用いて，L1 中国語話者の L2 英語，ドイツ語，またはフランス語における指示表現選択を調査し，各言語（中国語，英語，ドイツ語，フランス語）の母語話者の嗜好とどう異なるのかを比較した。その結果，非局所的指示では，各言語の母語話者，L2 学習者ともに，代名詞より名詞句を選択する割合が高かった。一方，局所的指示では，L2 学習者が名詞句を使用する頻度は，各母語話者よりも高かった。つまり，指示距離が長くなれば，母語話者，L2 学習者ともに名詞句を多く用いる傾

向があるが，局所的指示のように連続する節内で同一指示を行う場合は，L2学習者は母語話者ほど代名詞を使わず，名詞句を使用する傾向が見られた。このことから，連続する節という比較的短い指示距離であっても，代名詞で照応関係を結ぶのは学習者にとって困難であることがわかる。

3.3　有生性

　L2の先行研究における調査対象は，ほとんどが人物，動物，キャラクターなどの**有生物**（**animate**）であった。そのため，物や出来事などの**無生物**（**inanimate**）を指示する際にも，名詞句の使用が多くなるのかは定かではなく，過剰明示への**有生性**（**animacy**）の影響を調査した研究はない。

　L1における有生性の影響として，指示対象が有生物である方が，無生物である場合に比べて，指示距離が短くなり，さらに後述の文においても，有生物の方が引き続き言及されやすいと指摘している研究がある（Yamamoto, 1999）。その理由として，**意味役割**（**semantic role**）としての**行為者**（**agent**）が，談話における**話題**（**topic**）[5]になりやすいことが考えられる（角田, 2009）。一般的に言うと，行為者である有生物は，話題として文頭，つまり主語位置に現れやすく，無生物は目的語位置（もしくは述部）に現れ，話題について述べられていること，すなわち**評言**（**comment**）となる傾向がある[6]（Givón, 1995; Hickmann & Hendriks, 1999; Jackendoff, 2002）。したがって，有生物と無生物の相違に付随する統語位置の違い，話題や評言といった談話機能の違いが，指示表現の使用に影響する可能性がある[7]。

　また，有生や無生の区別を反映しなければならない代名詞の形態的な違い（he, she, it, they など）や，**含意**（**entailment**）の違いが関わっている可能性がある。含意とは，例えば，he は有生物であるだけでなく，人間，さらに男性であることまで，その語の意味として含んでいることをいう。そのため，

5　談話の中での話題とは，話者が焦点を当てた人または物を意味する。本研究では，話題と主題（**theme**）を厳密に区別せず，話題で統一する。

6　厳密には，英語のような SVO 言語では，文頭は主動詞より前の位置を指し，基本的に主語であることが多い。韓国語や日本語のような SOV 言語では，動詞より前か後ろという範疇は当てはまらず，話題は**話題標識**（**topic marker**）によって形式的に標示される。

7　統語位置と有生性による指示表現の比較については，Ogawa（2017）を参照。

前述の文脈がなくても，指示対象が「人間の男性」であることがわかる。一方，it は無生物のみならず，動物に使用されることもあり，前後の文脈で指示関係が明記されない限り，何を指しているのかは特定しづらい。さらに，they に関しては，有生物と無生物の両方に使えるため，複数であること以外，指示対象を限定する意味が含まれていない。したがって，語の含意的意味からわかる指示対象の情報は，he や she, it, they の順で少なくなる。含意の違いを考慮すると，he や she の場合，学習者は文脈のつながりにそれほど気を配らずに使用している可能性がある。逆に，文脈の中でしか指示対象が特定しづらい it や they は，照応関係をうまく作ることのできない習熟度の学習者にとって難しく，使用を避けるため，指示対象を名詞句で表すという過剰明示につながると予測できる。

　最後に，日本語と英語では代名詞が体系的に異なっていることが，有生物と無生物に対して代名詞を使用する際の違いとして現れる可能性も考えられる。これについては，後述の 3.4.3 節と 3.4.4 節で詳しく考察する。

3.4　日本語での指示表現

　本研究の対象である日本人英語学習者の L1 からの影響を考えるため，英語と比較しながら日本語の指示表現について概観しておく。日本語で指示に用いられる言語形式には，名詞句，人称代名詞[8]，ゼロ代名詞（省略），指示詞がある（日本語記述文法研究会, 2012）。同一指示に用いられる表現を分析した研究によると，最も使用頻度が多いのはゼロ代名詞で（41.3%），同一名詞句（18.1%）や言い換え（17.8%）などの名詞句が続き，指示詞（3.8%）や人称代名詞（1.8%）による照応はほとんどなかった（橋本・乾・白井・徳永・田中, 2001）[9]。以下に，これらの指示表現について考察していく。

3.4.1　ゼロ代名詞

　日本語では，文脈から復元可能な要素にはゼロ代名詞を使用するのが自然であり，1 文中でも，文を越えた照応関係でも，これは当てはまる。例えば

8　人称とは文法的な要素であり，話し手を指す一人称，受け手を指す二人称，それ以外の人や事物を指す三人称に分かれる。
9　この調査では，新聞記事を対象とした。

（7）のように先行詞が同じ文の中にある場合，代名詞で「彼」と明示すれば，マイクとは違う人物を指していることになってしまう。そのため，同一指示であれば省略が起こる（神崎，1994）。また（8A）に対する返答では，（8B）のように，話題である「田中さん」は省略される。発話の状況から「思う」の主体も一人称「私」であるとわかるため，省略されるのが自然である（日本語記述文法研究会，2012）。一方，同様の文の場合，英語では（9）と（10）のように代名詞を使う。

（7）a. マイク$_i$は［*彼$_i$の／ø$_i$］息子を愛している。
　　b. マイク$_i$は［*彼$_i$が／ø$_i$］東京に来るときはいつも私に会いに来る。
　　c. マイク$_i$は［*彼$_i$が／ø$_i$］ベンに嫌われていると思いこんでいる。

（8）A. 田中さん，明日来るかな？
　　B. 来ると思うよ。

（9）a. Mike$_i$ loves his$_i$ son.
　　b. Mike$_i$ calls on me whenever he$_i$ comes to Tokyo.
　　c. Mike$_i$ is convinced that he$_i$ is disliked by Ben.

（10）a. Do you think Mr. Takana will come tomorrow?
　　　b. *I think he* will.

　代名詞の照応可能性について，神崎（1994）は，文レベルと談話レベルの両方に共通する意味的，機能的な制約が必要であると指摘している。その上で，代名詞（ゼロ代名詞を含む）は話題になっている句（節）の中の名詞句，もしくは先行文脈の中で話題となっている名詞句と照応できるという，話題の観点から定義する原則が，日英語の両方に当てはまるとしている（p. 172，p. 188）。しかし，話題として同一指示が続く場合，日本語ではゼロ代名詞を使用するため省略が起こり，英語では代名詞によって明示的に表現することが一般的だと言える。したがって，日本人英語学習者がL1（日本語）の影響を受けるとすれば，話題として指示が継続する場合，省略が起こる可能性がある。ただし，英語の統語構造として定形節の主語を省略できないなど，統語的制約を習得している場合は，非文法的な省略は起こらず，名詞句もしくは代名詞を使うことが予想できる。

3.4.2　名詞句・人称代名詞

　日本語の同一指示の場合，同じ名詞句の繰り返し (11)，もしくは他の名詞句への言い換え (12) を用いることも多い。また，「彼，彼女，彼ら」のような三人称の代名詞による指示は，物語文ではよく用いられるが (13)，それ以外の文，特に話し言葉ではあまり用いられない（日本語記述文法研究会, 2012）。

(11) A:　古川さんは？
　　　B:　古川さんなら，さっき出かけました。
(12) A:　林さんは？
　　　B:　課長なら，さっき出かけたよ。
(13)　　　彩香が近づいてきた。彼女と会うのは久しぶりだ。

　(11) と (12) を英語にすると，(14) と (15) になる。言い換えは英語でも使用されるが，同一名詞句による指示は不自然になる場合がある。

(14) A:　Where is Mr. Furukawa?
　　　B:　?*Mr Furukawa* has just left.
(15) A:　Where is Mr. Hayashi?
　　　B:　*The chief* has just left.

例えば (16) のように，英語で同一名詞句が繰り返された場合，それらが同一の人物を指すこともあれば，別人だと解釈することもできる（Halliday & Hasan, 1976, p. 281）。つまり，リサをダンスに連れていったジョンは，取り残されたジョンとは別人である可能性も出てしまう。もしこれが，同じジョンを指している同一指示だとすれば，二度目の John を代名詞 he に変えることで，その曖昧性は回避できる。

(16)　*John* took Lisa to the dance. *John* was left all alone.
　　　ジョンはリサをダンスに連れていった。ジョンは 1 人取り残された。

38 | 第 2 章 日本人英語学習者による指示表現と有生性の関連

一方（17）のように，代名詞 he と照応できる先行詞が文脈中に複数出てくる
など（John もしくは Mike），照応関係が曖昧になる場合は，英語でも同一名
詞句を繰り返すことはある。

(17) John$_i$ walked to the party and Mike$_j$ drove to the beach. [He$_{i/j}$ / John$_i$ /
Mike$_j$] enjoyed the trip.

したがって英語では，指示の曖昧性がない限り，原則として同一名詞句を繰
り返さず，代名詞を使うという語用論的原則がある（神崎，1994, p. 28）。名
詞句の繰り返しがもたらす曖昧性に気づいていない L2 学習者は，日本語の
影響で，同一指示のために名詞句を繰り返してしまう可能性が考えられる。

3.4.3　指示詞

　日本語では，三人称の人物を指す場合は「彼，彼女」などの人称代名詞を
用いるが，物や出来事などの無生物の場合は，「これ，それ，あれ」などの
指示代名詞を使用する。(18) のように，話し手の身の回りにある対象はコ
系（近称），聞き手の身の回りにある対象はソ系（中称），話し手と聞き手の
どちらの近くにもない対象を指示する場合はア系（遠称）の指示表現を用い
る。これらの指示は，発話の現場にある指示対象を参照しているため，現場
文脈指示という（日本語記述文法研究会，2012）。

(18)a.　［話し手が持っているペンを指して］これ，あなたのですか？
　　b.　［聞き手が持っているものを指して］それ，何ですか？
　　c.　［通りの奥にある店を指して］君が探しているカフェって，あれじゃ
　　　　ない？

　談話の中で言及されたことを参照する言語文脈指示の場合，(19a) のよう
にソ系の指示表現を用いるのが一般的である。しかし，談話の話題と関連性
が強い場合，(19b) のようにコ系の指示表現が使用されることが多い。その
他に，話し手や聞き手の記憶が参照される記憶文脈指示では，(20) のよう
にア系の指示表現が使用される（日本語記述文法研究会，2012）。

(19) a. 　出口に人がいるから，その人に渡して。

　　 b. 　今日は若者言葉について話をしましょう。「それな」という語がさかんに使われていますが，[この／*その] 語は深い共感を示す際に使われ，軽い相槌として使われる「あーね」とは区別されています。

(20) A: 　谷口さんがまた課長とけんかしたらしい。

　　 B: 　またかよ。しかし，あいつも懲りないなぁ。

　英語での代名詞による同一指示は，人物に対して he や she などの人称代名詞があるだけでなく，無生物に対しても it や they という人称代名詞があり，this や that のような指示代名詞を同一指示に用いることはあまりない（Huddleston & Pullum, 2002）。人物に対して使用する人称代名詞があることは日本語と英語に共通しているが，無生物に対しては，日本語では指示代名詞，英語では人称代名詞を用いるという違いがある。

3.4.4　日英語の相違点

　日本語では指示詞が発達しており，歴史的な変遷を辿ると，日英語の代名詞，特に三人称代名詞における体系的な違いが見えてくる。英語の代名詞は，古英語から現代英語まで様々な音韻変化をこうむりつつも，一人称，二人称，三人称や単複の区別，格変化の有無などが体系的に受け継がれてきた。一方，日本語では，現代日本語の一人称代名詞「わたし」くらいしか，その起源をはっきりと遡ることができない。その代わり，指示代名詞の「これ，それ，あれ」などは，奈良時代まで起源をさかのぼることができ，近称，中称，遠称の区別は体系的に受け継がれてきた。そして，これらの指示代名詞が三人称を表すのに援用されてきたため，日本語では英語のような純粋な三人称代名詞が長い間未発達であった。例えば，江戸時代までは「こいつ，そいつ，あいつ」などの指示代名詞が三人称として使用されており，英語の he, she, they に当たる人称代名詞として「彼，彼女，彼ら」の訳語が与えられたのは明治時代である。そもそも「かれ」は遠称の指示代名詞（現代日本語の「あれ」）として奈良時代より使われており，「かれら」はその複数形，「かのじょ」に関しては「彼」に「女」を加えた新造語であった（神崎，

1994）。このように，英語の三人称代名詞に対応する代名詞は，日本語には長く存在しなかったことを踏まえると，日本語の三人称代名詞「彼，彼女，彼ら」が書き言葉に限られており，話し言葉での使用頻度が極端に少ないことにも自然と納得できる（Yamamoto, 1999）。

　さらに，三人称単数の中性の代名詞 it の訳語として，「それ」が使われだしたのも，明治時代である。「それ」は奈良時代から中称の指示代名詞として使われており，現代日本語においても使われ続けている。本来「それ」は，指示代名詞として事物を指すため，有生物を指示する（21）のような文に，「それ」を用いると違和感が出てしまう。このような訳語と英語代名詞が指示できる対象のずれが，日本人にとって英語の it を理解する妨げになっているという指摘もある（神崎, 1994）。

(21) a.　The man went up to the cat and started stroking *it*.
　　　　　男は猫のところへ行って，?? それを撫で始めた。
　　 b.　What a beautiful baby. Is *it* a boy?
　　　　　なんてきれいな赤ん坊でしょう。?? それは男の子ですか？

　現代の日本語と英語では，三人称代名詞の使用について，次のような差異が見られる。例えば，日本語の「彼，彼女，彼ら」は，話者にとって既知情報である時のみに使用でき，話者が具体的な指示対象を心の中に描いていない限り，照応的に使用できない（神崎, 1994）。そのため，英語で he が使える（22）のような場面でも，日本語では「彼」が使えないことがある（23）。

(22) A:　I saw Jamie Oliver yesterday.
　　 B:　Who is *he*?
(23) A:　昨日，ジェイミー・オリバーに会ったよ。
　　 B:　だれですか，［*彼は／その人は］。

　また，英語の代名詞には，**対照強勢（contrastive stress）**が置かれる指示性の強い用法（24）と，繰り返しを避けるために用いられる**虚語（empty word）**としての用法（25）がある（神崎, 1994）。両用法は，形態的に同一の

語で表されるが，三人称単数の中性の場合，異なった語を使う。指示用法の場合は，(26a)のように指示代名詞 that が使用され，虚語の場合は，(26b)のように三人称代名詞 it が使用される。(26)の英語に対応する日本語訳では，虚語の用法ではゼロ代名詞が使用され，指示用法では「それ」が使用されるのが一般的である。この点においても，it と「それ」には意味的なずれがあることがわかる。

(24) a.　THEM I don't like.　　　彼らは，私は好きではない。

　　 b.　SHE left, but HE stayed.　彼女は出かけたが，彼はとどまった。

(25) a.　My sister$_i$ is afraid that she$_i$ will fail the test.
　　　　妹は試験に落ちるのではないかと思っている。

　　 b.　We have an excellent house$_i$ here. Would you like to see it$_i$?
　　　　ここに素晴らしい家がありますよ。見られますか。

(26) a.　I'll get THAT.　　　　　私がそれをとります。

　　 b.　I'll get it.　　　　　　私がとります。　　(神崎, 1994, pp. 9–10)

　英語の人称代名詞は，虚語として発達してきた。一方，日本語の三人称代名詞は指示詞から発達してきた経緯を考えると，虚語としての人称代名詞は，日本語には根付いていないと考えられ，日本人英語学習者にとっては習得しづらいのかもしれない。すなわち，(24)のように指示性の強い用法の場合は代名詞を使用しやすいが，(25)のような虚語の用法では，代名詞を使うことに抵抗があり，母語の影響によりゼロ代名詞，もしくは名詞句を使う可能性がある。

　以上のことから，日英語間では三人称の代名詞の使用分布に相違があり，he は「彼」，it は「それ」などという訳語を学習し，目標言語に当てはめるだけで，正しく使用できるわけではないことがわかる。人物指示の場合，英語の he, she, they に相当する語として，日本語でも「彼，彼女，彼ら」のような三人称代名詞が作られたため，日本人英語学習者にとって，英語で人物指示の三人称代名詞を使用することは，それほど困難ではないのかもしれない。しかし，無生物指示については，英語の it, they に対応する語として，指示代名詞の「それ，それら」が割り当てられているため，虚語としての代

名詞を指示性の強い語で訳すというずれが生じている。それが原因で，日本人英語学習者は英語の it や they に違和感を抱き，習得が妨げられているのであれば，英語で無生物に対して代名詞を使うことが難しく，人物に比べて代名詞の使用が少なくなると予想される。

4. 本研究の課題 (research questions)

　本研究では，日本人英語学習者のライティングでの名詞句による過剰明示の要因を調査する。まずは，指示距離について以下の仮説の検証を行う。

(27) L2 学習者が同一指示に代名詞を使わない原因が，言語処理の負荷にあるならば，指示距離が長いほど負荷は大きくなり，名詞句の使用が増える。

(28) ライティングでは自らの産出内容を視覚的に参照することができるため，言語処理における負荷が少なく，発話の時よりも名詞句の過剰明示は起こらない。

　次に，指示対象の有生性や数の違いによって，代名詞や名詞句の使用に差が出るのかを調査する。特に，代名詞の含意が影響するのかを検証する。

(29) 人物を含意する he や she は使用されやすいが，指示対象に関する含意が少ない it は学習者にとって使用しづらく，名詞句で代用される。

(30) 指示対象に関する含意が少ない they は，有生物，無生物に関係なく，使われにくい。

　最後に，L1 の影響として以下の点を議論する。

(31) 三人称の同一指示の場合，日本語ではゼロ代名詞もしくは名詞句が使用され，人称代名詞はほとんど使われないため，英語においても代名詞の使用は少なくなる。

(32) 日英語の代名詞体系の相違や訳語のずれから，人物よりも無生物に対

して三人称代名詞を使用する方が難しく，代名詞の使用が少なくなる。

5. 実験

5.1 手順

調査対象として，日本人大学生 59 名の書いた英語エッセイを分析した[10]。1 年次の英語必修科目での課題として，1 年を通して 1 人あたり 4 本のエッセイを書いた。したがって，計 236 本のエッセイが分析対象となった[11]。エッセイテーマは，授業で使用した教材『Q: Skills for Success: Reading and Writing 4』（Daise, Norloff, & Carne, 2011）のユニットテーマに準じた（表1）。

表1　エッセイテーマ

エッセイ	テーマ 1	テーマ 2
エッセイ 1	分析的パラグラフ	描写的エッセイ
エッセイ 2	物語エッセイ	問題解決エッセイ
エッセイ 3	比較対照エッセイ	因果関係エッセイ
エッセイ 4	要約	意見エッセイ

学生は，各エッセイに対し，2 つのテーマの中から好きなものを選択し，テーマに従いアウトラインを作成した。アイデア構成に関して，担当教員によりアウトラインのチェックを受けた上で，エッセイとして仕上げる作業に取り掛かった。アウトラインをチェックする際，担当教員より簡単な語彙や文法の指導はあったが，指示表現としての代名詞，名詞句の使用に関して，明示的な指導はなかった。英語母語話者のデータとして，各ユニットのモデルエッセイ計 8 本を分析した。

10　学生の英語力に関しては，学内テストによってレベル分けをされており，比較可能な外部検定試験等のスコアはない。英語力の指標として，クラスに指定された教材が中級レベルであり，定期試験などに基づいたクラス担当教員の評価では，大半の学生が初中級レベルであるということを参考にしていただきたい。

11　提出されたエッセイに関し，研究目的で利用することに同意を得ている。

44 | 第 2 章　日本人英語学習者による指示表現と有生性の関連

表 2　エッセイ基本データ

項目	L1 英語話者	L2 学習者
分析対象エッセイ数	8	236
平均産出文数	21	18
平均産出語数	342	215
平均産出語種数	175	113
平均 TTR	0.526	0.534

　エッセイに関する基本データは，AntWordProfiler（Anthony, 2012）を使用して算出し，表 2 に示した。エッセイ 1 本あたりの文の平均数は，母語話者で 21 文，学習者で 18 文であった。エッセイ 1 本あたりの平均語数を見ても，母語話者で 342 語，学習者で 215 語であり，母語話者の方が長い文章を書くことがわかる。1 文あたりの平均語数を計算すると，母語話者が約 16 語，学習者が約 12 語と，1 文の長さは 4 語程度の差があった。エッセイ 1 本あたり何種類の語彙が使われているのかという平均語種数は，母語話者で 175 語，学習者で 113 語であった。語彙量の一指標である **TTR**（**Type-Token Ratio**）は，語種数を総語数で割ると算出でき，その値が大きいほど語彙の幅が大きいことを示す。各エッセイの TTR を計算し，その平均を出すと，母語話者が 0.526，学習者が 0.534 であった。今回は母語話者データとして学習者用教材のモデルエッセイを使用したため，学習者のレベルにあった語彙が使用されており，L2 学習者の TTR と差が出なかったと考えられる。

5.2　分析方法

　今回の調査は，ライティング内で使用された名詞句が，後続する文脈において代名詞になるのか，名詞句のまま繰り返されるのかを見ていく。データコーディングには，Halliday & Hasan（1976）の結束性を測るテキスト分析スキームを用いた。Halliday & Hasan は，文章の結束性を形成しているのは，指示（reference），代用（substitution），省略（ellipsis），接続（conjunction），語彙的結束（lexical cohesion）の 5 つの機能とし，各機能を細分化して分析

していく手法を紹介している。例えば，代名詞や指示詞，定冠詞の使用は指示に分類され，同一名詞句や同義語，上位語の使用は語彙的結束に分類される。本研究では，代名詞の使用を含む「指示」と名詞句による「語彙的結束」に焦点を当てて，データを分析した。

　まず，代名詞は全ての格（主格，目的格，所有格，所有代名詞），数（単数，複数）における使用を数えた。名詞句は，同一の単語が繰り返し使用された場合のみを対象とした。定冠詞句，不定冠詞句ともに名詞句の使用として合算して数え，単数形と複数形の区別に関しては，先行詞と照応表現の単複が合致していない場合も，同一指示が成立していると文脈からわかる場合は分析対象とした[12]。例えば，名詞句で books と現れた後，同一の物を指して book, the book, a book などの形が使用された場合，数の誤りであると別記した上で，分析としては先行詞の数である複数形とした。また，指示詞＋名詞句（this dog）は名詞句の使用として数えたが，指示詞の単独使用（this, that, these, those）は対象外とした。代名詞（所有格）＋名詞句（his dog）の場合，代名詞と名詞句の両方の使用として数えた。

　指示距離について，今回のデータはテキストのため，ピリオドで区切った単位を 1 文とした。連続する 2 文において同一指示の表現が使用される場合を，(34) のように直近（immediate, 0）とし，2 つの指示表現の間に文が介入している場合を非直近（non-immediate, N）と表記し，介入している文の数を N1 (35), N2 (36), N3 と記した。Halliday & Hasan (1976) にはなかったが，単一文内で指示が継続している場合を，(33) のように文内（within-sentence, s0）として，調査対象に加えた。

(33)　文内（s0）での代名詞の使用

　　　Climate change is real, and ***it*** will affect us, our health, and the health of
　　　the planet, …

12　定冠詞と不定冠詞の区別は L2 学習者が最も困難とする文法項目の 1 つであり，学習者の冠詞の使用は L1 話者が付与する意味的な区別を必ずしも反映していないことがある。同様に可算と不可算の区別を含む数の正確性について，L2 習得の分野では上級者にとっても難しさが残る項目だとされる（Ogawa, 2014）。そのため，指示関係は談話の中から判断した。

(34)　直近 (0) での名詞句の使用

We use *food* as an escape. On the other hand, some of us use ***food*** as a reward.

(35)　非直近 (N1) での名詞句の使用

The planet is helped because we are using less energy. And if we are not using our electronic devices, we will have time to exercise, connect with our friends, and develop other interests and hobbies. We can choose activities that are both enjoyable and kind to ***the planet***.

(36)　非直近 (N2) での代名詞の使用

The handle broke off. My mother's special cup was ruined and I was sure she would be angry. I cried and waited for quite a while before I could find the courage to tell her. My mother, who was probably upset, only smiled and said we would glue ***it*** back together.

5.3　指示距離

5.3.1　データ

　表 3 は，各指示距離で使用された代名詞と名詞句の比率を示している。例えば文内では，母語話者は代名詞を 85%，名詞句を 15% の割合で使用するが，学習者は代名詞を 68%，名詞句を 32% の割合で使用する。これらの比率に統計的に有意な差があるのか，指示距離とそれに応じて選択される指示表現には関連があるのかを見ていく。

表 3　指示距離と指示表現の選択の割合（出現数）

指示距離	L1 英語話者		L2 学習者	
	代名詞	名詞句	代名詞	名詞句
文内（s0）	85%（28）	15%（ 5）	68%（381）	32%（ 182）
直近（0）	60%（41）	40%（27）	29%（552）	71%（1369）
非直近（N1）	13%（ 5）	87%（33）	6%（ 38）	94%（ 619）
非直近（N2）	8%（ 1）	92%（12）	5%（ 19）	95%（ 357）
非直近（N3）	0%（ 0）	100%（ 9）	3%（ 7）	97%（ 229）

　指示表現の選択について，指示距離による相違や，母語話者と L2 学習者における相違があるのかなど，2 つの変数が関係しているのかを見るため，統計手法として，一般的に産出数を比較する場合に使用される**ピアソンのカイ二乗検定**（**Pearson's chi-square test**）を用いて分析を行った[13]。しかし，5 以下の産出数がある場合，**フィッシャーの正確確率検定**（**Fisher's exact test**）を用いて分析を行った。

　まず，母語話者に正確確率検定，L2 学習者にカイ二乗検定を行ったところ，指示距離によって指示表現の選択に差が見られた（L1: $\chi^2(4) = 61.22$, $p < .001$, $V = .597$; L2: $\chi^2(4) = 812.85$, $p < .001$, $V = .465$）。残差分析の結果，非直近（N1, N2, N3）では，母語話者も L2 学習者も名詞句の使用が有意に多く，文内と直近では両グループともに代名詞の使用が多かった（$p < .01$）。

　次に，代名詞の使用が多くなる文内と直近での指示表現の割合について，詳しく見てみると，母語話者，L2 学習者ともに，直近より文内の方が代名詞の使用が多くなる傾向があった（L1: $\chi^2(1) = 5.11$, $p = .024$, $\phi = .248$; L2: $\chi^2(1) = 291.209$, $p < .001$, $\phi = .343$）。さらに，母語話者と L2 学習者でどのような違いがあるのかを比較すると，文内においては母語話者と L2 学習者の指示表現選択には差は見られなかった（$\chi^2(1) = 3.294$, $p = .070$）。しかし，直近では両者に有意な差が見られ（$\chi^2(1) = 29.77$, $p < .001$, $\phi = .125$），母語話者は

13　2×2 分割表でのカイ二乗検定の場合は，第一種の誤り（実際には差がないのに，差があるとすること）が起こる危険があるため，**イエーツの連続性の修正**（**Yate's continuity correction**）を用いて分析する（竹内・水本, 2014, p. 149）。

代名詞を，L2 学習者は名詞句を使用する傾向があった。つまり，L2 学習者は，直近の環境で名詞句を過剰に使用していることがわかった。

5.3.2　考察

　非直近の環境において，母語話者，L2 学習者ともに名詞句を使用する傾向が観察された。先行詞と同一指示の表現の間に 1 文以上隔たりがある場合，名詞句の使用が多くなることは，先行研究の結果と一致していた（Hendriks, 2003）。

　次に，直近の環境において，L2 学習者は母語話者に比べて，名詞句を多く使用するという本研究の結果は，先行研究と同じであった（Hendriks, 2003）。しかし，本研究と先行研究の大きな違いは，指示距離の設定にある。先行研究では発話データを調査していたため，定形節をひと区切りとして指示距離を設定していたが，本研究はライティングを調査したため，ピリオドを区切りとして指示距離を設定した。そのため，先行研究では (38) や (39) のような重文や複文を，2 つの節として直近の環境と見なしたが，本研究ではこれらを 1 つの文として扱い，(37) のような単文も含めて，新たに単一文内という指示距離を設定した。

(37)　単文

    a. *The café's* advantage is not only being fashionable, but also *its* rich and delicious drinks.

    b. *The heroine* built *her* confidence by changing *her* fashion more snazzy.

    c. Second, *heroes* have great courage to challenge *themselves*.

(38)　重文

    a. *Dogs* are strong and smart, so *they* can fight criminals.

    b. But I loved the sound of *the piano*, so I continued to practice *it* with my father.

(39)　複文

    a. Many people can use *new medicine* because *it* doesn't have side effects.

    b. If we can *find new planets*, *it* is a very beneficial discovery.

発話データを分析した先行研究では，重文や複文において，L2 学習者の名詞句による過剰明示が指摘されていた。しかし，本研究において，これらの環境でも，L2 学習者は母語話者と同様，名詞句より代名詞を使用する傾向が明らかになった[14]。このことから，ライティングにおいては，ピリオドを区切りとした単位で文処理が行われ，L2 学習者はピリオド内で時制を含む節が複数あっても代名詞で照応関係を作るが，ピリオドで区切られた内容を結びつけることには困難が生じ，名詞句で同一指示を継続する傾向にあることがわかった。

5.4　有生性

5.4.1　データ

それでは，L2 学習者が名詞句を過剰に使用する直近の環境において，有生性の影響があるのかを見てみる。表 4 は，指示対象が有生物か無生物かによって，どの指示表現が使用されたかの割合を示している。母語話者では，有生物の場合は代名詞を 71%，名詞句を 29% の割合で使用していたが，無生物の場合は代名詞と名詞句を同程度に使用していた。逆に L2 学習者は，有生物の場合に代名詞と名詞句を同程度に使用し，無生物の場合は代名詞を 21%，名詞句を 79% の割合で使用していた。

表 4　直近での指示表現の選択の割合（出現数）

有生性	L1 英語話者		L2 学習者	
	代名詞	名詞句	代名詞	名詞句
有生物	71%（24）	29%（10）	51%（247）	49%（ 238）
無生物	50%（17）	50%（17）	21%（305）	79%（1131）

母語話者の指示表現の割合を分析すると，有生性による指示表現の差はなかった（$\chi^2(1) = 2.21, p = .137$）。しかし，L2 学習者の場合は，有生物には代名詞が，無生物には名詞句が使用されやすい傾向があった（$\chi^2(1) = 154.60$,

---

14　文内の環境での代名詞の使用の多くが，重文と複文で観察された。単文で照応関係が成立している場合，(37a) や (37b) のように，ほとんどの代名詞が所有格であった。

50 | 第 2 章 日本人英語学習者による指示表現と有生性の関連

$p<.001, \phi = .285$）。

5.4.2 考察

　名詞句の過剰明示は，無生物に顕著に見られることがわかった。同じ直近という環境でも，有生物の方が無生物より代名詞で指示されやすいわけだが，有生物を人間と動物で区別した場合，人間は代名詞（53%）と名詞句（47%）の両方で指示されており，it や they で指示する動物の場合は代名詞（30%）よりも名詞句（70%）の使用が多かった[15]。つまり，動物と無生物は名詞句で指示されやすく，厳密に言うと差が出たのは，人物指示かそれ以外の対象の指示という区別になる。その上で，人物以外の指示において，名詞句が過剰に使用される原因を考えてみる。

　まずは，L1 の影響である。同一指示の場合，日本語ではゼロ代名詞や名詞句が使用され，代名詞はほとんど使われない。そのため，L1 の転移があるならば，代名詞の使用は少なくなると予想された。しかし，単一文内でも代名詞（68%）は名詞句（32%）より多く使用されており，直近の環境でも，人物指示においては，名詞句（207 件）と代名詞（234 件）が同程度に使用されていた。したがって，L1 の影響により代名詞自体の使用が少なくなるわけではないと考えられる。その他の L1 の影響として，it や they に相当する三人称代名詞が日本語にはなく，指示代名詞が援用され続けていることや，その訳語のずれから生じる英語の三人称中性代名詞の理解不足が，名詞句の過剰明示につながることが予想された。そして本研究では，人物以外の指示で名詞句が特に多く使われることがわかり，この仮説を支持する結果が得られた。

　次に，代名詞の含意について考えてみる。言語形式が持つ含意を比較すると，指示対象を特定するための情報は，人称代名詞 he や she，そして it, they の順で少なくなる。人物に対して代名詞が多く使用されたことは，含意によって代名詞の使用に差が出るという仮説を支持しており，L2 学習者は文脈に頼らなければ使用できない言語形式の使用を避け，より明確に対象

15　有生物指示の代名詞 247 件の内，人間は 234 件，動物は 13 件であり，名詞句 238 件の内，人間は 207 件，動物は 31 件で，人物指示が有生物指示の大半を占めていた。

を示すことのできる名詞句を繰り返すことで，同一指示を行う可能性が高まった。もし代名詞の含意の影響が強いのであれば，人物かどうかに関係なく，theyの使用が少なくなると予測されるので，単複における違いがあるのかを次節で詳しく分析する。

5.5 数
5.5.1 データ

単数か複数かによって，どのような違いがあるのかを調べる。まず，図1は指示対象の出現数を示している。母語話者では，有生物，無生物ともに計34件，うち19件が単数，15件が複数の指示対象であり，単複による指示対象の出現数に有意な差はなかった（$\chi^2(1) = .471, p = .608$）。一方，L2学習者では，有生物が計485件に対し，無生物が計1436件と，無生物の出現数が多かった（$\chi^2(1) = 470.80, p<.001$）。有生物における単数241件と複数244件には有意な差はなかったが（$\chi^2(1) = .019, p = .928$），無生物においては，単数で現れる場合が941件で，複数の495件に比べて多かった（$\chi^2(1) = 138.52, p<.001$）。

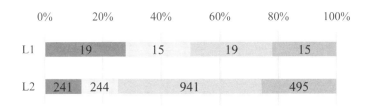

図1 指示対象の有生性と単複の違い

数表記の誤りに関して，先行詞が複数で表記されているが単数で指示が継続されている場合（代名詞11件，名詞句32件），先行詞が単数だが複数で指示が継続されている場合（代名詞3件，名詞句25件）があったが，そのほとんどが無生物指示におけるものだった。人物指示では，themと表記し

52 | 第2章 日本人英語学習者による指示表現と有生性の関連

なければならないところで him を使用，裸名詞 farmer が they で継続される
という2例のみで，he や she の使い分けにあたる性の誤りはなかった。

　それでは，指示対象の単複によって代名詞と名詞句の使用に影響が出るの
かを検証する。表5は，有生物，無生物それぞれ単複の場合で，代名詞と
名詞句の比率がどの程度なのかを示している。

表5　有生性と数の組合せにおける指示表現の選択の割合（出現数）

有生性	数	L1 英語話者		L2 学習者	
		代名詞	名詞句	代名詞	名詞句
有生物	単数	68%（13）	32%（ 6）	55%（133）	45%（108）
	複数	73%（11）	27%（ 4）	47%（114）	53%（130）
無生物	単数	37%（ 7）	63%（12）	23%（219）	77%（722）
	複数	67%（10）	33%（ 5）	17%（ 86）	83%（409）

　はじめに，有生性を区別せず，単複による影響のみを分析した結果，母語
話者，L2学習者ともに，単数か複数かという要因のみで，指示表現の使用
に有意な差が出ることはなかった（L1: $\chi^2(1) = 1.45, p = .229$; L2: $\chi^2(1) = 1.51$,
$p = .219$）。有生性と数の各組合せにおいて，指示表現の割合に差があったの
かを分析すると，母語話者では，有生物，無生物ともに，数による指示表現
の差は見られなかった（有生物：$\chi^2(1) = .000, p = 1.000$; 無生物：$\chi^2(1) = 1.91$,
$p = .167$）。L2学習者では，有生物においては数による指示表現の差は見ら
れなかったが（$\chi^2(1) = 3.15, p = .076$），無生物では単数形の指示対象に代名
詞が使用されやすく，複数形の指示対象は名詞句で繰り返されやすい傾向が
あった（$\chi^2(1) = 6.40, p = .011, \phi = .069$）。しかし効果量としては弱く，単複そ
れぞれの場合を見ても，単数では77%，複数では83%の割合で名詞句が使
用され，代名詞より名詞句が使われる傾向が強いことがわかる。つまり，無
生物では単複にかかわらず，基本的には名詞句で繰り返す傾向が強いが，代
名詞について単複を比較すると，三人称単数の中性の代名詞（it, its）の方が，
三人称複数の代名詞（they, them, their, theirs）より使用されやすいということ
を示している。

5.5.2　考察

　まず，有生物よりも無生物の出現数が多かったのは，学習者が選択した
エッセイテーマに起因している。今回の調査では，「好きな食べ物や店」や
「科学が食生活に及ぼす影響」など，無生物の言及が多くなるテーマを選ぶ
学生が多かった。次に，有生物における単複の出現数に変わりはなかった
が，無生物の場合，単数が圧倒的に多かった。これは，有生物である人物な
どは可算名詞で，単複の使用が同程度あったこと，無生物としては，food
などの不可算名詞や，science, time, music, life などの抽象名詞が多く使用さ
れ，単数名詞が多く出現したことに起因していると考えられる。

　無生物指示において，数と指示表現の関連性が見られ，it より they の方
が多く使用される傾向があった。しかし，単数でも複数でも，無生物に対す
る名詞句の使用は圧倒的に多く，代名詞の含意の影響はそれほど大きくない
と考えられる。さらに，they の使用において，有生物指示（47%）と無生物
指示（17%）に違いが出た点は，語彙の含意的意味からでは説明できない。
指示対象が有生物である場合に代名詞が多く使用されたことは，話題や評言
などの談話機能が，代名詞と名詞句の使い分けの要因となっている可能性を
示唆している。つまり，行為者は話題になりやすいという傾向が，無生物よ
り有生物に対しての代名詞の使用が多くなるという結果として，間接的に現
れたのかもしれない。

6.　全体を通しての考察

　本研究では，指示対象の有生性と数，文単位での指示距離によって，名詞
句か代名詞かの選択に影響が出るのかを分析した。その結果，L2 学習者が
ライティングにおいて指示関係を作る際，以下の 4 つの傾向があることが
明らかになった。

(40) a.　ピリオド内であれば，2 つ以上の複数節でも代名詞によって照応関
　　　　係を結ぶことが多い，

　　 b.　ピリオドで区切られた連続する 2 文間では，人物以外の同一指示
　　　　に名詞句の使用が多くなる，

c. 有生物が指示対象の場合，単複と指示表現の使用に関連性はない．

d. 無生物が指示対象の場合，複数代名詞より単数代名詞の方が使われ
やすい．

　まず，人物以外は名詞句で指示されることが多いこと，無生物では複数よ
り単数の方が代名詞になりやすい点をまとめると，図2のような代名詞指
示の習得順序が見えてくる．

有生物（特に人物）	無生物（単数）	無生物（複数）
a boy → he	a book → it	books → they
a girl → she	food → it	
students → they	science → it	

図2　代名詞指示の習得順序

　有生物，特に人物指示は，単複にかかわらず，比較的早い段階で習得でき
る．その後，単数の無生物指示，複数の無生物指示の順で習得が難しくな
る．he, she → it → they の順で難しくなるのであれば，代名詞の含意的意味が
習得順序に関係しているとも思われるが，人物指示において he, she, they の
使用に差がなかったことから，含意の影響は強くないと考えられる．

　人物は代名詞，人物以外は名詞句で指示されやすいという傾向は，L1 の
影響を示唆している．つまり，日英語間における代名詞体系の相違や訳語の
ずれが，英語の三人称中性代名詞の理解を妨げており，名詞句の過剰明示を
引き起こしている可能性である．しかし，単一文内での同一指示には，代名
詞が比較的多く使われていたことを考えると，人物以外を代名詞で指示する
ことが，どのような環境においても一様に難しいわけではない．実際，文内
の代名詞と名詞句の割合を，有生物と無生物に分けて比較してみると，表6
のようになり，無生物に対する代名詞の使用（58%）は，直近での無生物に
対する代名詞の割合（21%）より多い．人物以外の指示に関して代名詞の習
得が遅れているのは，L1 の影響だと考えられるが，指示距離が近ければ，
人物以外の対象も代名詞で指示しやすくなるため，L2 学習者は有生性と指
示距離という2つの要因から影響を受けていることになる．

表6　文内での指示表現の選択の割合（出現数）

	代名詞	名詞句
有生物	83%（177）	17%（ 35）
無生物	58%（204）	42%（147）

　指示距離と有生性の影響をまとめると，L2学習者による代名詞と名詞句の使い分けは，図3のようになる。

図3　代名詞と名詞句の使い分け

　文内の人物指示の場合，代名詞が使用されることが多く，直近で人物以外を指示する際には名詞句の使用が多くなり，非直近では名詞句が圧倒的に多い。文内の人物以外，直近の人物に関して，本研究の結果では代名詞と名詞句が同程度の割合で使用されていた。
　この使い分けがなぜ起こるのかは，談話機能が関係している可能性が考えられる。一般的に行為者は談話における話題になりやすいため，代名詞で指示される傾向がある（神崎，1994）。そのため，単一文内の環境で人物を代名詞で指示することは，話題になりにくい人物以外の指示に比べて，比較的易しいと考えられる。そして，ピリオドで文を区切ってしまうことで，話題が一時途切れてしまい，人物であっても代名詞を使いにくくなる。話題になりにくい人物以外については，さらに代名詞が使用しづらくなり，結果として名詞句の使用が多くなってしまうと考えられる。もし，このような談話的要因（話題）によって指示関係の結びやすさが左右されるのであれば，人物かどうかに関係なく，単に話題となっている要素が代名詞で指示されやすいことになる。一般的に，談話は複数の話題を持つこともあり，主となる話題

と，それに関連する下位話題などが1つの談話内で相互に関連し合って進められる（日本語記述文法研究会, 2012, p. 5）。話題は，文頭に現れやすいという統語的特徴があるが，その他に，話題を示す as for〜 などの話題標識（41a）や，場面設定などの文前置詞句（41b），（41c）のような**分裂文（cleft sentence）**など，様々な言語形式で表出する。したがって，追研究として，何が話題となっているのかを文脈から的確に判断し，その統語位置や意味役割を分析した上で，指示表現との関連性を考察しなければならない。話題であれば人物以外でも代名詞になりやすいのか，話題かつ人物であることが代名詞指示につながるのかが解れば，名詞句の過剰明示と，指示距離や有生性の関連はより明確になるだろう。

(41) a. As for John$_i$, Mary kicked John$_i$, and then he$_i$ kiched Tom.

　　b. Under the car that Sam$_i$ was repairing, he$_i$ saw a cat.

　　c. It was Larry$_i$'s dog that bit him$_i$.

　また，名詞句を過剰使用してしまう学習者は，名詞句による指示の曖昧性に気づいていないと考えられ，その原因も日本語における同一名詞句の繰り返しにはそのような曖昧性がないことに関連していると仮定できる。しかし，人物指示に関しては代名詞を使うことができていたことを考慮すると，学習者は人物指示における曖昧性には敏感なのかもしれない。今回の調査では，（42a）のような固有名詞の繰り返し，（42b）–（42d）に見られる定冠詞と不定冠詞の使い分けは区別せずに，全て名詞句の使用とした。そのため，（42a）は同一指示か曖昧であるが，（42b）と（42c）は同一指示であること，（42d）は別人を指しているという区別ができているかを，厳密には調査していない。

(42) a. *John* took Mary to the dance. *John* was left all alone.（曖昧）

　　b. *The boy* took Mary to the dance. *The boy* was left all alone.（同一）

　　c. *A boy* took Mary to the dance. *The boy* was left all alone.（同一）

　　d. *A boy* took Mary to the dance. *A boy* was left all alone.（別人）

例えば，(42b) や (42c) のように定冠詞句で繰り返しが多く，曖昧な指示 (42a) や不定冠詞による不適切な指示 (42d) が少ないのであれば，虚語としての代名詞は習得し，曖昧性についても理解していると考えていいのかもしれない。追研究として，固有名詞，定冠詞句，不定冠詞句の割合を見てみた上で，なぜ L2 学習者は人物以外に対して，代名詞を使用できる場面で名詞句を使うのかを，改めて議論する必要があるだろう。

最後に，本研究では有生物は人物や動物に限られており，必然的に可算具象名詞 (a student, doctors, dogs) であった。しかし，無生物の場合，可算具象名詞 (a book/books)，不可算具象名詞 (food)，抽象物 (science, music)，抽象事象 (development, discovery) など，様々な種類の名詞を含んでいた。このように無生物名詞を細分化してみることで，名詞句による過剰明示の原因を解く新たな発見があるかもしれない。

7. おわりに

本研究では，日本人英語学習者のライティングにおける指示表現選択について，人物以外の指示対象に名詞句の過剰明示が起こりやすいことを明らかにした。その原因として，L1 の影響により三人称中性代名詞の理解が遅れていることが示唆された。また過剰明示は，連続する 2 文での同一指示に顕著に見られ，単一文内の場合，人物以外の対象でも代名詞が使用される割合が多くなることから，指示距離の影響も強いことが明らかになった。指示距離や有生性は，指示対象が話題として言及されやすいかどうかという談話機能と関連しており，それが名詞句の過剰明示を引き起こす主な要因なのかどうかは，さらに調査する必要がある。

本研究のデータから学習者の 1 年間の変化を見てみると，1 エッセイあたりの平均語数は増加しており（181 語から 229 語），平均語種数も増えていた（99 種類から 120 種類）。したがって，語彙量に関しては進歩が見られたと言える。しかし，過剰明示に関しては総数が増えており，代名詞の使用には大きな変化はなかった[16]。これは，語彙量や産出量の増加に比例して過剰

16　名詞句については，904 文中 167 回（1 文あたり 0.18）の使用が，1012 文中 314 回（1

明示の絶対数も増えたと解釈できる。個人レベルでの発達について比較をしたわけではないので，一般化できるわけではないが，本研究のL2学習者群は，過剰明示について明示的な指導は受けておらず，1年間の英語学習の中で，学習者が自ら気づいて修正するという自発的な変化は見られなかった。名詞句の過剰明示に関して，習熟度が上がればどの程度の改善が見込めるのか，もしくは明示的な指導なしには克服できない現象なのかについての答えは，今後の研究において明らかにすべき課題である。

参考文献

Anthony, L. (2012). Antwordprofiler (version 1.4.0) . Tokyo: Waseda University.

Crosthwaite, P. R. (2013). *Differences between the coherence of Mandarin and Korean L2 English learner production and English native speakers: An empirical study* (Unpublished doctoral dissertation). University of Cambridge, Cambridge.

Daise, D., Norloff, C., & Carne, P. (2011). *Q: Skills for sucess level 4 reading and writing.* New York: Oxford University Press.

Ferris, D. R. (1994). Lexical and syntactic features of ESL writing by students at different levels of L2 proficiency. *TESOL Quarterly, 28*(2), 414–420. doi: 10.2307/3587446

Givón, T. (1983). *Topic continuity in discourse: A quantitative cross-language study.* Amsterdam: John Benjamins.

Givón, T. (1995). Coherence in text, coherence in mind. In T. Givón & M. A. Gernsbacher (Eds.), *Coherence in spontaneous text* (pp. 59–115). Amsterdam: John Benjamins.

Halliday, M. A. K., & Hasan, R. (1976). *Cohesion in English.* London: Longman.

橋本さち恵・乾健太郎・白井清昭・徳永健伸・田中穂積. (2001). 日本語文生成における照応表現の選択.『情報処理学会研究報告自然言語処理 (NL)』*143*, 33–40.

Hendriks, H. (2003). Using nouns for reference maintenance: A seeming contradiction in L2 discourse. In A. Giacalone Ramat (Ed.), *Typology and second language acquisition* (pp. 291–326). Berlin/New York: Mouton de Gruyter.

Hickmann, M., & Hendriks, H. (1999). Cohesion and anaphora in children's narratives: A comparison of English, French, German, and Mandarin Chinese. *Journal of Child Language, 26*(2), 419–452.

平林健治. (2004).「日本人初級英語学習者による自由英作文の特性要因評価からみたプロダクトの特性」.『ことばの科学』*17*, 39–58.

文あたり 0.31) に増加した。代名詞は，904 文中 139 回（1 文あたり 0.15）の使用が，1012 文中 108 回（1 文あたり 0.11）で，減少しているが大きな変化とは言えない。

Hirakawa, M. (1990). A study of the L2 acquisition of English reflexives. *Second Language Research 6*(1), 60–85. doi: doi:10.1177/026765839000600103

Huddleston, R., & Pullum, G. K. (2002). *The Cambridge grammar of the English language*. Cambridge, UK: Cambridge University Press.

Jackendoff, R. (2002). *Foundations of language: Brain, meaning, grammar, evolution*. New York: Oxford University Press.

神崎高明. (1994). 『日英語代名詞の研究』. 東京：研究社出版.

Lesgold, A. M., Roth, S. F., & Curtis, M. E. (1979). Foregrounding effects in discourse comprehension. *Journal of Verbal Learning and Verbal Behavior, 18*(3), 291–308. doi: http://dx.doi.org/10.1016/S0022-5371(79)90164-6

日本語記述文法研究会. (2012). 『現代日本語文法 7：第 12 部　談話　第 13 部　待遇表現』. 東京：くろしお出版.

Morishima, Y. (2013). Allocation of limited cognitive resources during text comprehension in a second language. *Discourse Processes, 50*(8), 577–597. doi: 10.1080/0163853X. 2013.846964

Ogawa, M. (2014). *The role of the mass-count distinction in the acquisition of English articles by speakers of an article-less first language* (Unpublished doctoral dissertation). University of Essex, Colchester, Essex.

Ogawa, M. (2017). Pronoun or noun: Animacy over processing. *Proceedings of PacSLRF 2016*. 157–161.

白畑知彦. (2015). 『英語指導における効果的な誤り訂正：第二言語習得研究の見地から』. 東京：大修館書店.

Sorace, A., & Filiaci, F. (2006). Anaphora resolution in near-native speakers of Italian. *Second Language Research, 22*(3), 339–368. doi: 10.1191/0267658306sr271oa

Suda, K., & Wakabayashi, S. (2007). The acquisition of pronominal case-marking by Japanese learners of English. *Second Language Research, 23*(2), 179–214. doi: 10. 1177/0267658307076545

竹内理・水本篤. (2012). 『外国語教育研究ハンドブック（改訂版）：研究手法のより良い理解のために』. 東京：松柏社.

角田太作. (2009). 『世界の言語と日本語　改訂版：言語類型論から見た日本語』. 東京：くろしお出版.

White, L. (1998). Second language acquisition and Binding Principle B: child/adult differences. *Second Language Research, 14*(4), 425–439. doi: doi:10.1191/ 026765898675690231

Yamamoto, M. (1999). *Animacy and reference: A cognitive approach to corpus linguistics*. Amsterdam/Philadelphia: John Benjamins.

第3章

初級・中級レベルの日本人英語学習者の
文処理過程における言語情報の影響

須田 孝司

1. はじめに

　生成文法理論をもとにした第二言語習得（SLA）研究では，第二言語（L2）学習者が目標言語の**文法素性**（**grammatical features**）を母語話者と同じように習得することができるかどうか，長い間議論が行われている（Hawkins, 2001; White, 2003）。この分野では，**文法性判断タスク**（**grammaticality judgment task**）や**指向性タスク**（**preference task**）など，紙と鉛筆を使い L2 学習者が特定の文に対して自分の判断を示すオフライン課題や，L2 学習者の自然発話や特定の発話が作り出されるように意図された**誘発産出タスク**（**elicited production task**）などにより集められた産出データにより，L2 学習者が持つ言語知識について研究が行われている。しかし，様々なタスクに対する反応をもとに，母語話者と L2 学習者の言語知識を比較しただけでは，L2 学習者の言語能力のある1つの側面を調べているに過ぎない。例えば，L2 学習者が母語話者より文の理解に長い時間が必要になったり，母語話者とは異なる反応を示す場合，それは学習者の言語知識の欠如が原因なのか，それとも学習者が母語話者とは異なる文処理方略を使っているからなのか，判断することはできない。つまり，SLA のメカニズムを解明するためには，L2 学習者が持っている言語知識について調査するだけではなく，どのような知識がどのような場面で使用されているのか，といった即時的な文処理過

[61]

62 | 第3章 初級・中級レベルの日本人英語学習者の文処理過程における言語情報の影響

程についても検証する必要がある。

　しかし，L2 学習者を対象とした文処理研究は十分行われているとは言えない。特に，多くの日本人英語学習者が属している初級や中級レベルの L2 学習者を対象とした文処理研究となると，その数はかなり少なくなる[1]。その理由としては，L2 学習者と母語話者の文処理過程を比較する場合，母語話者であったとしてもなかなか理解することが難しいかなり複雑な文を使って実験が行われるため，初級・中級の L2 学習者はそのような文を理解することができず，実験として成立しづらいことがあげられる。

　本研究では，これまでの L2 習得における文処理研究ではあまり取り上げられなかった初級・中級レベルの日本人英語学習者を対象とした実験を紹介する。そして，そのようなレベルの L2 学習者が受動文や分裂文を理解する際に，どのような言語情報に依存し文を理解しているのか検証した上で，L2 学習者の文処理方略について議論する。

2.　研究の目的と意義

　これまでの成人母語話者を対象とした文処理研究では，(1) のように一読しただけでは誰が何をしたのか，判断しにくい複雑な文を使い，母語話者の文処理過程について検証している[2]。

(1)　a.　The horse raced past the barn fell.
　　　b.　太郎が子供を交差点で見かけたタクシーに乗せた。

　L2 学習者を対象とした文処理研究においても，(1) よりさらに複雑な (2)

1　初級や中級というレベルについては，習熟度を認定する統一された基準があるわけではない。SLA 研究では，様々な方法で習熟度を測り，学習者のレベルを規定している。例えば，TOEIC や TOEFL のスコアにもとづき，学習者をグループ分けする場合や Oxford Quick Placement Test のようにテストのスコアによりレベルが指定される場合もある。
2　このような文はガーデンパス文（**garden path sentence**）と言われ，英語でも日本語でも文の途中で再解釈が必要になると考えられている（Bever, 1970; Frazier, 1987; Hirose & Inoue, 1998; Kamide & Mitchell, 1999; Mazuka & Itoh, 1995）。

のような文が使われ，実験が行われている[3]。

(2) a. The nurse who$_i$ / the doctor argues / e'_i that / the rude patient / had
       angered e_i / is refusing to work late.
    b. The nurse who$_i$ / the doctor's argument / about / the rude patient / had
       angered e_i / is refusing to work late.

（Marinis, Roberts, Felser, & Clahsen, 2005, p. 61）

　Marinis et al.（2005）では，上級の L2 学習者と英語母語話者に，（2）のよ
うに 6 つに区切った領域を 1 つずつコンピューター画面に提示し，その領
域の読み時間を測った。実験では，オランダのナイメーゲン大学が開発した
NESU という心理実験ソフト（Baumann, Nagengast, & Klaas, 1993）を使い，
移動窓読文法（self-paced moving window paradigm）により 1 つ 1 つの領域が
示された。移動窓読文法では，実験参加者が所定のキーボードを 1 回押す
と，まず最初の領域 The nurse who がコンピューター画面に現れ，もう一度
押すとその領域は消えると同時に 2 つ目の領域 the doctor argues が現れる，
というように一度に 1 つの領域だけが提示されるように設定されており，
実験ではそのボタンを押す時間を読み時間として集めた。
　実験の結果，英語母語話者の読み時間では，（2a）の空所（e'_i）の後に置か
れた 3 つ目の領域 that の読み時間が長くなったが，L2 学習者の場合は，その
ような読み時間の遅延は観察されなかった。この結果について Marinis et
al.（2005）は，L2 学習者が（2a）のような文を理解する際，英語母語話者と
は異なり空所（e'_i）のない統語構造を作っているが，彼らは**意味役割**（**thematic
role**）の情報を利用し文処理を行うことができるため，母語話者と同じよう
に正しく文を解釈することができると提案している[4]。つまり，この研究で
は，L2 学習者は，たとえ上級レベルであったとしても母語話者と同じよう
な統語情報は利用できないと主張している。
　確かに，上級の L2 学習者と母語話者の文処理過程を比較することは，

3　Marinis et al.（2005）では，*e* により空所を表し，*i* を同じものを指している記号（index）
として使っている。
4　意味役割については，3.2 の項を参照されたい。

SLA における最終到達点を知る上で意味のあることだが，そのような研究からは，多くの日本人英語学習者が属している初級・中級レベルの L2 学習者の言語能力についてあまり多くの示唆を得ることはできない。そもそも(2) のように長く複雑な英文を初級・中級レベルの L2 学習者に示したとしても，彼らが瞬時にその英文を理解することはできないであろう。

　本研究では，初級・中級の L2 学習者を対象とした実験を行い，習熟度のあまり高くない L2 学習者が，どのような言語情報を使い英文を理解しているのか検証することを目的としている。したがって，学習者の理解を超えてしまうような複雑な構造の文を利用することはできない。そこで，初級・中級の日本人英語学習者が学校教育の中で習った経験があり，一読するだけで理解できると思われる受動文と強調文（主語分裂文と目的語分裂文）を使い，実験を行う5。このような英文を使うことにより，初級・中級の L2 学習者であったとしても，通常の速さで読んだだけである程度「誰が何をどうしたのか」ということについて理解することができるため，L2 学習者の理解の困難さはどこにあるのか，またどのような言語情報に依存し文を理解しているのか，議論することができる。

　人間の文処理過程では，記憶力や言語に対する習熟度といった理解する人間自体の能力も大きな影響を与えるが，入力される言語の特徴により理解の困難度は左右される。以下では，本研究で扱う受動文と分裂文に関わる 3 つの言語的な要因について先行研究を見ていく。

3.　先行研究

3.1　構造の影響

　英語や日本語の母語習得研究において，受動文の習得は能動文より遅れることが指摘されている（Borer & Wexler, 1987, 1992; Otsu, 2000; Sugisaki, 1999）。受動文は，能動文に比べ日常的に使用される頻度が少ないため

5　平成 24 年度版の Sunshine English Course（開隆堂）などでは，受動態は中学 2 年生で導入されているが，New Horizon English Course（東京書籍）などでは，中学 3 年生で導入されている。また，分裂文は，日本の学校教育では強調構文と言われており，平成 25 年度からの高等学校新学習指導要領では，『English Communication』の中で，高校での新出文法項目として導入されている場合が多い。

(Quirk, Greenbaum, Leech, & Svartvik, 1972; Ferreira, 1994)。子どもはあまりその文構造に触れないということもあるかもしれないが，受動文は基本語順文から変化した派生語順文であるということも，習得が遅れる理由の1つとして考えられる（Dąbrowska & Street, 2005; Ferreira, 2003; Hinkel, 2002）。

　日本の英語教育においても，受動文は能動文から変化したものであると教えられている（Swan, 1995）。例えば，能動文 (3a) では，They が主語，the castle が目的語になっているが，受動文 (3b) では，目的語位置に置かれていた the castle が主語位置に移動し，動詞が be + 過去分詞に変化している。つまり，受動文を作る際は，目的語の主語位置への移動と動詞の形態変化の2つが求められる。

(3) a.　They built the castle in 1456.

　　b.　The castle *was built* in 1456.

　受動文のような派生語順文の文処理では，句の移動により困難が引き起こされるかどうか検証が行われている。例えば，中條 (1983) では，日本語母語話者を対象に，日本語の基本語順文と**かき混ぜ文（scrambled sentence）**の困難度について調査している[6]。実験では，(4) のような単文を使い，日本人話者がその文を意味的に自然かどうか判断する際の時間を比較した。

(4) a.　忠夫が由紀子をだました。
　　b.　由紀子を忠夫がだました。
　　c.　修が荷物を置いた。
　　d.　荷物を修が置いた。

（中條, 1983, p. 252）

　実験の結果，日本人話者は基本語順文 (4a/c) よりかき混ぜ文 (4b/d) の判

---

[6] かき混ぜ文とは，「主語＋目的語＋動詞」のような基本語順文から目的語が文頭に移動した文である。かき混ぜ文については，Saito (1985) を参照されたい。

断に時間がかかることがわかった（かき混ぜ文＞基本語順文）。この反応時間が長くなるという結果は，かき混ぜ文の方が基本語順文より処理負荷が高いということを示している[7]。

このような基本語順文とかき混ぜ文に対する反応時間の違いを生み出す主要因について，Tamaoka et al. (2005) では，行為者（Agent）や非行為者（Patient）といった意味役割や，「が」「を」といった格助詞の順序ではなく，統語的構造の複雑さが要因であると説明している。ここでいう統語構造の複雑さとは，移動した要素（Fillerと呼ぶ）と移動した要素の元位置（Gapと呼ぶ）の間にある**節点**（**node**）の数の違いをもとにしている。

文処理研究では，Filler と Gap の間には依存関係があり，(5b) のように Filler は Gap 位置にある痕跡 t と結びつけて解釈が行われるとされている（Fiebach, Schlesewsky, & Friederici, 2001; Phillips, Kazanina, & Abada, 2005; Ueno & Kluender, 2003）。

(5) a. [TP 忠夫が　　[VP 由紀子をだました]]
　　b. [TP 由紀子を$_i$　[TP 忠夫が [VP t_i　だました]]]

基本語順文の (5a) では，時制辞句（Tense Phrase, TP）内の指定部（主語位置）に主語「忠夫が」が置かれているが，かき混ぜ文の (5b) では，TP の付加部に動詞句（Verb Phrase, VP）内から移動した目的語「由紀子を」が置かれている。このような文を解釈する場合，(5b) では，Filler である「由紀子を」は Gap 位置の t と関連づけられなければならないが，移動のない (5a) では，そのような関連づけ処理は行われないため，かき混ぜ文の方が処理負荷が高まると考えられている。

本実験で利用する受動文は，かき混ぜ文と同じく派生語順文である。したがって，(6) のように Filler と Gap の依存関係を構築する必要がある。

7　これと同様の結果が，その他の様々な実験においても確認されている（文正誤判断実験：Tamaoka et al. (2005)，読み時間測定実験：Miyamoto & Takahashi (2002)，眼球運動実験：Mazuka, Ito, & Kondo (2002), ERPs: Ueno & Kluender (2003), fMRI: Kim et al. (2009) など）。

(6)　　[$_{TP}$　The castle$_i$ was [$_{VP}$　built　t_i　] in 1456].

受動文 (6) では，TP の指定部に The castle が置かれているが，それはもともと VP 内の目的語位置にあったものである。そのような受動文を解釈する際には，Filler である The castle と Gap 位置の t との関連づけが行われ，意味役割が確認される。つまり，受動文では，移動に伴う Filler と Gap の依存関係を構築する必要が生じるため，能動文より処理が困難になると推測される。

　また，本研究の実験 2 で扱うことになる分裂文の場合も，受動文と同様，句の移動があるため，(7b) のように Filler と Gap の関連づけが必要となる。

(7)　a.　John bought a new car last year.
　　b.　It was John$_i$ [$_{CP}$　that [$_{TP}$　t_i　[$_{VP}$　bought a new car last year]]].

　基本語順文 (7a) では主語位置に置かれていた John が，主語分裂文 (7b) では，補文標識句 (Complementizer Phrase, CP) の前に移動している。文処理過程では，John が Filler となり，Gap 位置の t と関連づけが行われる。

　さらに移動を伴う文理解の過程では，Filler と Gap の距離により，理解の困難度に差が生じるということも指摘されている (Gibson, 1998; O'Grady, 1997; O'Grady, Lee, & Choo, 2003)。例えば (8) のような関係代名詞文では，目的格関係代名詞文 (8b) は，主格関係代名詞文 (8a) より処理が困難であることが報告されている (Ford, 1983; Gennari & MacDonald, 2008; Gibson, 1998; Gibson, Desmet, Grodner, Watson, & Ko, 2005; King & Just, 1991; King & Kutas, 1995; Traxler, Morris, & Seely, 2002)。

(8)　a.　the student$_i$ [$_{CP}$　who/that/ø [$_{TP}$　　t_i　[$_{VP}$　met Taro yesterday]]].
　　b.　the student$_i$ [$_{CP}$　who/that/ø [$_{TP}$　Taro [$_{VP}$　met　t_i　yesterday]]].

この 2 つの英文では，先行詞である the student が Filler となり，TP 内の

Gap 位置にある *t* との関連づけが必要になる。しかし，その 2 つの英文では，それぞれ Filler と Gap の距離が異なっている。つまり，主格関係代名詞文（8a）では，Filler と Gap の間に 2 つの節点（CP と TP）があり，目的格関係代名詞文（8b）では，3 つの節点（CP と TP と VP）が作られている。したがって，目的格関係代名詞文は Filler と Gap の間により多くの節点が置かれるため，主格関係代名詞文より処理が困難である可能性が考えられる（小泉・玉岡, 2006; O'Grady, 1997）。

　本研究では，（9）のような主語分裂文と目的語分裂文を扱うが，その 2 つのタイプの英文を節点の数で比較すると，目的語分裂文の方が節点の数が多くなることがわかる。

(9)　a.　It was John$_i$ [$_{CP}$　that [$_{TP}$　　t$_i$　[$_{VP}$　bought a new car last year]]].
　　　b.　It was a car$_i$ [$_{CP}$　that [$_{TP}$　John [$_{VP}$　bought　　t$_i$　　last year]]].

　（9a）の主語分裂文では，Filler と Gap の間に 2 つ節点（CP と TP）があるが，（9b）の目的語分裂文では，目的語関係代名詞文のように節点は 3 つ（CP と TP と VP）ある。したがって，もし構造の影響として，Filler と Gap の間にある節点の数が L2 学習者の文処理に影響を与えるとすれば，目的語分裂文の方が主語分裂文より処理が困難になると予測される。

3.2　意味役割の影響

　動詞は，その動詞が取りうる構造の情報だけではなく，意味情報も持っていると考えられている（中村・金子・菊地, 2001）。例えば，動詞 put は，「置く行為をする人（行為者：Agent）」と「置かれるもの（対象：Theme）」と「その置かれるものの位置（場所：Location）」の 3 つを意味情報として持っており，その前後にそれぞれ適切な意味役割を持つ名詞や前置詞句を要求する。もしその要求が満たされない場合，英文は（10）のように非文となる[8]。このように語彙は，それぞれ意味情報，つまり意味役割を持っており，文を理解する際には，動詞との間でその意味役割の確認が行われる。

8　アスタリスク（*）は文法的に誤っている文（非文）を示す。

(10) a. *put the book on the table.（Agent がない（命令文以外））

b. *John put on the table.（Theme がない）

c. *John put the book.（Location がない）

　文処理研究では，構造の影響だけではなく，この意味役割の影響も議論されている。例えば，Ferreira（2003）は，英語母語話者が受動文や分裂文を理解する際の構造と意味役割の関係について調査している。彼女は，英語母語話者に（11）のような能動文，受動文，主語分裂文，目的語分裂文を聞かせ，その直後にコンピューター画面に提示されたものを口頭で答えさせる実験を行った。例えば，（11a）を聞いた後で画面に「DO-ER（行為者）」という文字が提示された場合は，実験参加者はその行為をした the dog と答えなければならず，「ACTED-ON（被行為者）」が提示された場合は，その「咬む」という行為により影響を受けた the man を答えなければならない。

(11) a.　The dog bit the man.

b.　The man was bit by the dog.

c.　It was the man who bit the dog.

d.　It was the man who was bit by the dog.

　実験では，その質問に正しく答えた割合と解答までにかかった時間を分析した。その結果，能動文と主語分裂文の正答率や判断時間に差は見られなかった（能動文＝主語分裂文）が，受動文では正答率も低く，また能動文と主語分裂文より判断に時間がかかることがわかった（受動文＞能動文＝主語分裂文）。さらに，目的語分裂文は主語分裂文より反応時間が長くなっており（目的語分裂文＞主語分裂文），文タイプにより反応時間に差が見られることが明らかになった。

　この結果について Ferreira は，英語母語話者は **NVN 方略（NVN strategy）**（Tonwsend & Bever, 2001）に従い，主語位置にある名詞句に Agent，目的語位置にある名詞句に Patient や Theme の意味役割を仮に与え，その情報をもとに文を理解していると提案している。つまり，NVN 方略では，主語位置に置かれた名詞句には Agent の意味役割が与えられるため，能動文と主語

分裂文では意味役割の変更（再分析）は行われない。しかし，NVN 方略に従っていない受動文や目的語分裂文では，動詞や補文内の主語位置において意味役割の再分析が必要になるため，文の理解に時間がかかったと考えられる。さらに，Ferreira は，使用頻度の少ない主語分裂文の正答率や反応時間が能動文のものと変わらなかったことから，文処理の困難さには，頻度はあまり影響しないということも提案している。つまり，この研究では，あまり見たことや使ったことがない文であったとしても，NVN 方略に従った文であれば，素早く正確に処理できる可能性があるということを示している。

3.3　有生性の影響

　意味役割の付与と関連して，名詞の有生性が文処理に影響を与え，処理の困難度が左右されるという提案もある。例えば，英語母語話者を対象にした Traxler, Morris, & Seely（2002）の研究をもとに，Omaki & Ariji（2005）では，上級の日本人英語学習者に（12）のような関係代名詞文を与え，その英文の複雑さの度合いを「1（理解しやすい）」から「5（理解しづらい）」段階のスケールで判断させる実験を行った。

(12) a.　The doctor that watched the movie received a prize.
　　 b.　The doctor that the movie pleased received a prize.
　　 c.　The movie that pleased the doctor received a prize.
　　 d.　The movie that the doctor watched received a prize.

（12a/c）は主語が移動している主格関係代名詞文であり，（12b/d）は目的語が移動している目的格関係代名詞文である。また，（12a/b）の先行詞には有生名詞が，（12c/d）には無生名詞が使われている。実験の結果，日本人英語学習者は，英語母語話者と同様，先行詞に有生名詞が使われている目的格関係代名詞（12b）を最も複雑な文であると判断することがわかった。
　この結果について，Omaki & Ariji は，次のように説明している。L2 学習者は，統語構造に依存した **Active Filler Strategy**（AFS: Frazier, 1987; Frazier & Flores d'Arcais, 1989; Stowe, 1986）を利用しているため，Gap 位置が近くにある主格関係代名詞文（12a/c）の困難度が低くなる。さらに，目的格関係代

名詞文においても，L2学習者は名詞の有生性情報を利用し，有生名詞は Agent，無生名詞は Theme を割り当てている（Trueswell, Tanenhaus, & Garnsey, 1994）ため，先行詞に無生名詞が使われている目的格関係代名詞文（12d）は，先行詞に有生名詞が使われている（12b）より容易に判断することができる。つまり，Omaki & Ariji では，L2学習者は，統語情報と有生性情報を使い，文処理を行っていると提案している[9]。

本研究では，これらの先行研究をもとに，以下のような3つの仮説を立て，日本人英語学習者の文処理過程について調査を行った。

4. 本研究での仮説

初級・中級レベルの日本人英語学習者の文処理過程における構造，意味役割，有生性の影響を検証するため，本研究では，以下のような6タイプの英文を使い，3つの実験（実験1，実験2，実験3）を行った。

(13) a. 能動文：I thought that Tom was painting the bench then.
   b. 受動文：I thought that the bench was painted by Tom then.
(14) a. 主語分裂文：It was Tom that was painting the bench then.
   b. 目的語分裂文：It was the bench that Tom was painting then.
(15) a. 有生名詞文：I thought that the actor climbed the tower in the city.
   b. 無生名詞文：I thought that the airplane scared the singer in the sky.

実験1では能動文（13a）と受動文（13b），実験2では主語分裂文（14a）と目的語分裂文（14b）を使い，一文提示によりその英文の読み時間を測った。そして実験3では，（15a/b）のように，that 節（補文）内の主語位置に有生性情報の異なる名詞を置き，6つに区切った領域ごとの読み時間をもとに，主語名詞句の有生性の影響について調べた。

9　しかし，この研究は，これまで L2 習得研究で行われてきた文法性判断テストと同じように，英文理解の困難度を実験参加者の感覚で判断させており，学習者の即時的な文処理過程を調査したものではないことにも注意されたい。

72 | 第3章　初級・中級レベルの日本人英語学習者の文処理過程における言語情報の影響

　このような英文を使って実験を行うにあたり，文処理過程におけるそれぞれの英文の困難度について，(16) のような 3 つの仮説を立てた。

(16) a.　〈仮説 1（構造の影響）〉
　　　　　移動のある受動文や Filler と Gap の間の節点の数が多くなる目的語分裂文は，能動文や主語分裂文より処理に時間がかかる（能動文＜受動文，主語分裂文＜目的語分裂文）。しかし (15) の有生名詞文と無生名詞文では移動はないため，処理の困難さに差はない（有生名詞文＝無生名詞文）。

　　　b.　〈仮説 2（意味役割の影響）〉
　　　　　主語位置の名詞句には Agent の意味役割が与えられるため，受動文や目的語分裂文ではその意味役割を変更する必要が生じる。したがって，受動文や目的語分裂文は能動文や主語分裂文より処理に時間がかかる（能動文＜受動文，主語分裂文＜目的語分裂文）。また，(15) の有生名詞文と無生名詞文の処理では，共に主語位置の名詞句には Agent の意味役割が与えられるためその読み時間に差はないが，無生名詞文では動詞位置において意味役割の再分析が必要になるため，その領域の読み時間には差がある（主語位置（有生名詞文＝無生名詞文），動詞位置（有生名詞文＜無生名詞文））。

　　　c.　〈仮説 3（有生性の影響）〉
　　　　　有生性の情報により，有生名詞には Agent，無生名詞には Theme/Patient の意味役割が与えられるため，能動文と受動文の読み時間にはほとんど差がない（能動文＝受動文）。しかし，目的語分裂文では Filler と Gap の間の節点の数が多くなるため，構造の影響により主語分裂文より処理に時間がかかる（主語分裂文＜目的語分裂文）。また，(15) の有生名詞文と無生名詞文の処理では，有生性の影響により，無生名詞文の主語領域や動詞領域の読み時間が長くなる（主語位置（有生名詞文＜無生名詞文），動詞位置（有生名詞文＜無生名詞文））。

(16) で立てた文処理過程における構造，意味役割，有生性の影響にもとづ

く困難度の予測を表 1 に示す。

表1　構造，意味役割，有生性の影響にもとづく困難度の予測

	能動文 vs. 受動文	主語分裂 vs. 目的語分裂	有生名詞 vs. 無生名詞
構造	<	<	=
意味役割	<	<	主語（＝）動詞（<）
有生性	=	<	主語（<）動詞（<）

注：困難度　小＜大

　それでは，本研究の 3 つの実験を通じ，日本人英語学習者はどのような構造に困難を示し，どのような言語情報を扱いながら文処理を行っているのか検証していく。

5.　実験

　本研究の 3 つの実験に参加者した日本人英語学習者は，男性 19 名，女性 11 名，計 30 名の大学生（平均年齢：19:26）である。10 歳以前から英語学習を始めた者もいるが，ほとんどの参加者は中学入学後に本格的な英語学習を始めた。また，1 週間程度海外旅行に行ったことのある者はいたが，英語圏の国に住んだことのある者はいなかった。実験終了後に 1000 円分の図書カードが実験協力の謝礼として渡された。3 つの実験にかかった時間はおよそ 1 時間である。

　実験参加者の英語習熟度について確認するため，実験を行う前にすべての参加者に Oxford Quick Placement Test（Oxford University Press, 2002）を受けてもらった。そのプレイスメントテストの基準に従えば，15 名の参加者は Lower Intermediate，残りの 15 名は Elementary にレベル分けすることができたが，各レベルの人数が 15 名と少なかったため，本研究では 30 名を 1 つのグループとしてデータ分析を行った。

5.1 実験 1
5.1.1 実験文

実験 1 では，能動文と受動文の文処理について検証する。受動文では目的語の主語位置への移動が起こるため，Filler と Gap の依存関係を構築する必要がある。実験では，that 節で導かれる (17) のような能動文と受動文を 10 文ずつ用意した。能動文 (17a) では補文の主語位置に有生名詞 Tom が置かれ，受動文 (17b) では無生名詞 the bench が置かれている。

(17) a. 能動文：I thought [that [Tom was [painting the bench] then]].
    b. 受動文：I thought [that [the bench$_i$ was [painted t$_i$ by Tom] then]].

また，単語の読み時間をそろえるため，有生名詞は 3 つの音素で表記される 10 種類の人名 (Ann, Bill, Bob, Eve, John, Ken, Kim, Liz, Meg, Tom) を選び，無生名詞の場合は音素数が 4 から 5 になる名詞 (action, bench, card, cloth, error, event, matter, movie, river, tower) を選んだ。動詞は，能動文と受動文の両方で使うことができ，現在分詞形と過去分詞形にした際の音素数が 7 から 8 になる 10 種類の他動詞 (borrow, climb, count, cross, create, hold, paint, print, start, study) を使った。また，実験文の他にフィラーとして 20 文の英文も準備した。

5.1.2 実験方法

実験では，Marinis et al. (2005) が使用した NESU と同じように，人間の反応についてコンピューターを使って計測するために開発された心理実験ソフト E-PRIME (Psychology Software Tools, INC.) と，E-PRIME を使う際に推奨されているボタンボックス（シリアルレスポンスボックス：SR-Box）を使った。実験は，1 人ずつ静かな環境のもとで行われ，実験参加者の前には CRT モニターと SR-Box が置かれた。実験参加者は，あらかじめ E-PRIME により設定された条件でモニター画面に提示される英文を読み，その後でその英文の文法性を判断するよう求められた。SR-Box にある 5 つのボタンのうち，4 番目のボタンには Y，5 番目のボタンには N の印がつけられ，実験

参加者は，英文が文法的に正しいと思った場合はYを，文法的に誤っていると思った場合はNを押すように指示された。本実験に先立ち，練習用の英文を8文用意し，その文を使って練習した上で実験を行った。

　分析の際は，文法性判断により正しく判断できた英文だけを分析の対象とし，正しく判断できなかった英文についてはその後の分析より除いた。また，英文の読み時間が1秒以下，もしくは20秒以上のデータはあらかじめ取り除き，残ったデータの平均値から標準偏差（SD）の±2.5倍よりも外れた値は，境界値（平均（mean: M）±2.5SD）で置き換え，分析を行った。

5.1.3　実験1の平均正答率

　文法性判断の平均正答率を表2に示す。能動文の文法性を正しく判断できた割合は93.3%（SD = 1.14）であり，受動文においても90.3%（SD = 1.30）の割合で正しく英文の文法性を判断していた。一要因の分散分析を行うと，その両タイプの英文の文法性判断に差はないことが明らかになった（F (1, 29) = 1.50, p>.2, r = .22）。したがって，本実験の参加者は，この両タイプの英文の文法性について正しく理解できていたと判断できる。

表2　文法性判断の平均正答率（%（正答数/全文数））

タイプ	能動文	受動文
正答率	93.3（280/300）	90.3（271/300）

5.1.4　実験1の読み時間

　能動文と受動文の読み時間を図1に示す。能動文の平均読み時間は5942ミリ秒（SD = 1336.83）であり，受動文は5865ミリ秒（SD = 1038.94）であった。一要因の分散分析を行うと，参加者分析と項目分析ともに読み時間に差がないことが示された（F_1 (1, 29) = 0.13, p>.7 ns., r = .07; F_2 (1, 18) = 0.07, p>.7 ns., r = .06）。つまり，今回参加した日本人英語学習者にとっては，受動文であったとしても能動文と同じように解釈が困難ではなかったと考えられる。

76 | 第3章 初級・中級レベルの日本人英語学習者の文処理過程における言語情報の影響

図1　能動文と受動文の読み時間

5.1.5　実験1の考察

　L2学習者の文処理に構造の影響やNVN方略にもとづく意味役割の影響があるとすれば、受動文の処理が困難になることが予測された。しかし、本実験の結果からは、文法性判断においても、読み時間においても、受動文の方が困難であるという結論は導き出せなかった。名詞句の移動がある受動文では、能動文の場合とは異なり、FillerとGapの依存関係の構築が必要になる。また、L2学習者がNVN方略に従い、主語名詞句にAgentの意味役割を付与しているとすれば、受動文を理解する際には、その割り当てられた意味役割は変更されなければならない。つまり、受動文を解釈する際には、構造の違いや意味役割の変更により処理負荷が高まると考えられるが、本実験の結果からはそのような影響は観察されなかった。

　そこで、日本人英語学習者が主語名詞句の有生性情報を利用し文を理解していると考えると、本実験の結果を説明することができると思われる。能動文のように主語位置に有生名詞が置かれている場合は、L2学習者はその名詞句に即座にAgentの意味役割を与える。そして、動詞が入力された際にもAgentの意味役割はそのまま使われるため再分析は行われず、能動文として処理が進んでいく。一方、受動文では、主語位置に無生名詞が置かれているが、その名詞句には有生性情報にもとづき、あらかじめThemeの意味役割が与えられる。そして、be＋過去分詞形が入力された際にもそのThemeの意味役割は変更する必要がないため、能動文と同じように、漸進的な処理が行われる。つまり、日本人英語学習者は、名詞の有生性情報を効果的に活用し受動文を理解しているため、受動文であったとしても処理負荷

が高まらなかったと考えられる。

　実験1では，移動のある受動文であったとしても能動文と同じように処理が行われ，構造の影響は観察されなかった。しかし，受動文では名詞句の移動が補文内で起こっており，移動距離が処理負荷を高めるほど長くなかったことが要因として考えられる。実験2では，名詞句が補文を越えて移動する分裂文の文処理過程について調査し，構造の影響についてさらに検証していく。

5.2　実験2

5.2.1　実験文

　実験2では，Filler と Gap の間にある節点の数が異なる主語分裂文と目的語分裂文の処理について調査する。主語分裂文 (18a) の場合は，Filler と Gap の間に CP と TP の2つの節点が存在するが，目的語分裂文 (18b) の場合は CP と TP に加え，VP が置かれ，節点が3つあることになる。したがって，もし節点の数が日本人英語学習者の文処理過程に影響を与えるのであれば，目的語分裂文の読み時間が長くなることが予測される。

(18) a.　主語分裂文：

　　　It was Tom$_i$ [$_{CP}$　that [$_{TP}$　t$_i$　was [$_{VP}$　painting the bench] then]].

　　 b.　目的語分裂文：

　　　It was the bench$_i$ [$_{CP}$　that [$_{TP}$　Tom was [$_{VP}$　painting　t$_i$　] then]].

　実験文には，実験1で使用したものと同じ10種類の有生名詞，無生名詞，他動詞を利用し，主語分裂文と目的語分裂文を10文ずつ用意した。また，フィラー文も20文作成し，実験を行った。

5.2.2　実験方法

　実験2も実験1と同様，英文を一文ごとに提示し，その英文の文法性を判断する時間を読み時間として測った。そして，正しく判断できた英文の読

5.2.3 実験 2 の平均正答率

文法性判断の平均正答率を表 3 に示す。分裂文の文法性の判断について比較すると，主語分裂文は 87.7% (SD = 2.06)，目的語分裂文でも同じく 87.7% (SD = 1.63) の割合で正しくその文の文法性を判断しており，その両タイプの英文の判断にも差はなかった ($F(1, 29) = 0.00, p>1$ $ns., r = .00$)。

表 3 文法性判断の平均正答率（%（正答数 / 全文数））

タイプ	主語分裂文	目的語分裂文
正答率	87.7 (263/300)	87.7 (263/300)

5.2.4 実験 2 の読み時間

主語分裂文と目的語分裂文の読み時間を図 2 に示す。主語分裂文の平均読み時間は 6014 ミリ秒 (SD = 1186.99) であり，目的語分裂文は 6471 ミリ秒 (SD = 1260.70) であった。一要因の分散分析を行うと，参加者分析では有意傾向があり，項目分析では有意に読み時間に差があることが示された ($F_1 (1, 29) = 3.75, p = 0.0626, r = .34; F_2 (1, 18) = 5.68, p<.05, r = .49$)。したがって，本実験の参加者にとっては，目的語分裂文の方が主語分裂文より処理が困難であったと考えられる。

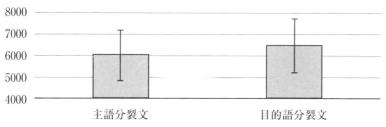

図 2 主語分裂文と目的語分裂文の読み時間

5.2.5 実験 2 の考察

　主語分裂文と目的語分裂文では，Filler と Gap の間にある節点の数が異なるため，構造の違いをもとにした仮説では，目的語分裂文の処理が困難になると予測した。本実験の結果では，主語分裂文と目的語分裂文の文法性判断には差が見られなかったが，読み時間では目的語分裂文の読み時間が有意に長くなっており，本実験に参加した初級・中級レベルの日本人英語学習者にとって，構造の違いが文処理に影響を与えると考えることができる。

　しかし，目的語分裂文の方が難しいという結果は，意味役割や有生性をもとにした仮説においても予測しており，構造だけが分裂文の処理に影響を与えているとは言えない。例えば，NVN 方略では，Filler である焦点位置に移動した名詞句にはすべて Agent の意味役割が与えられるが，目的語分裂文の場合は補文内においてその意味役割の変更が求められるため，目的語分裂文の処理が困難になる。また，L2 学習者が有生性情報を利用し焦点位置の有生名詞には Agent，無生名詞には Theme の意味役割を与えているのであれば，その意味役割は補文内において変更する必要がないため，処理の困難度に差は生じない。しかし，このような有生性情報に加え，構造の影響が日本人英語学習者の文処理に反映されるのであれば，目的語分裂文は，主語分裂文に比べ Filler と Gap の間の節点が多くなるため，目的語分裂文の方が，処理が困難になると考えられる。

　したがって，表 1 に示したように，3 つの仮説ではその根拠は異なっているが，目的語分裂文の方が困難であると予測しており，この実験の結果だけでは，文処理過程における困難さの要因についてはっきりと結論づけることはできない。

　実験 1 と 2 では，一文ごとの読み時間について検証してきたが，それでは有生性などの個別語彙の違いが文処理にどのような影響を与えているのかわからない。そこで実験 3 では，句や節ごとに領域を分け，その領域の読み時間について調査を行う。

5.3　実験 3

5.3.1　実験文

　実験 3 では，名詞句の有生性の影響を調べるため，主語に有生名詞が置

80 | 第3章　初級・中級レベルの日本人英語学習者の文処理過程における言語情報の影響

かれた有生名詞文（19a）と無生名詞が置かれた無生名詞文（19b）を5文ずつ用意した。

(19) a.　有生名詞文：I thought [that [the actor climbed the tower in the city]].
　　 b.　無生名詞文：I thought [that [the airplane scared the singer in the sky]].

　有生名詞文の主語には，5から6の音素で表記される有生名詞（actor, lawyer, nurse, singer, writer）を，無生名詞文の主語には，5から7の音素で表記される無生名詞（airplane, beard, cakes, chicken, pencil）を選んだ。また，動詞も過去形にした際に5から7の音素数になる他動詞のうち，主語名詞句の意味に合うものをそれぞれ5つ選んだ（有生名詞文：climbed, crashed, crossed, fought, grew，無生名詞文：amazed, angered, bothered, cheered, scared）。また，実験文の他にフィラーとして20文の英文も用意した。

5.3.2　実験方法

　実験では，E-PRIMEとSR-Boxを使い，英文を（20）のように6つの領域に区切ってモニター画面に提示した。

(20)

P1	P2	P3	P4	P5	P6
I thought	that	the actor	climbed	the tower	in the city

　また，英文を正しく理解できているかどうか確認するため，日本文を使った内容確認タスクを行った。そのタスクでは，P1が提示される前に日本文を見せ，その上でP6の後にYes or Noが現れるブロックを用意し，実験参加者には，そのブロックが提示されたら，その日本文と読み進めた英文が意味的に対応するかどうか判断することを求めた。実験参加者は，日本文が英文に対応すると思った場合はSR-BoxのYを，対応しないと思った場合はNを押すように指示された。例えば，（20）のP1の前に「俳優が塔に登った」という日本文が提示されている場合は，その英文の意味は日本文と対応するため，実験参加者はYを押すことになる。一方，「俳優がピザを食べた」のように英文と全く関係ない日本文が提示された場合は，Nが正解とな

る。本実験に先立ち，練習用に英文を 8 文用意し，その文を使って練習した上で実験を行った。

　データ分析の際は，日本文と英文との対応関係を正しく判断できた英文だけを分析の対象とし，正しく判断できなかった英文については，その後の分析より除外した。また，領域ごとの読み時間が 200 ミリ秒以下，もしくは 5000 ミリ秒以上のデータはあらかじめ取り除き，残ったデータの中で各領域の平均値から標準偏差 ±2.5 倍よりも外れた値は，境界値（M±2.5SD）で置き換え，分析を行った。

5.3.3　実験 3 の平均正答率

　英文の内容について，日本文との対応を正しく判断できていた割合を表 4 に示す。有生名詞文を正しく判断できた割合は 95.3 %（mean 4.77, SD = 0.56）であり，無生名詞では 70.0 %（mean 3.53, SD = 1.09）であった。一要因の分散分析を行うと，その両タイプの英文の判断には差があり，有生名詞文の方が正しく理解されていることがわかった（$F (1, 29) = 56.64, p<.01, r = .81$）。したがって，本実験の参加者にとって，無生名詞が主語位置に置かれた英文を正しく判断するのは困難であったと思われる。

表 4　日本文との対応における平均正答率（%（正答数 / 全文数））

タイプ	有生名詞文	無生名詞文
正答率	95.3（143/150）	70.0（105/150）

5.3.4　実験 3 の読み時間

　領域ごとの読み時間を図 3 に示す。P1 は I think, P2 は that というように，P1 と P2 に関しては，両タイプの文で同じものが使われており，その領域の読み時間には差はなかった（P1: $F_1 (1, 29) = 1.40, p>.2$ *ns.*, $r = .22$; $F_2 (1, 8) = 1.24, p>.2$ *ns.*, $r = .37$; P2: $F_1 (1, 29) = 0.24, p>.6$ *ns.*, $r = .09$; $F_2 (1, 8) = 0.53, p>.4$ *ns.*, $r = .25$）。P3 からはタイプ別に異なるものが使われている。主語位置（P3）の読み時間を比較すると，有生名詞は 788.19 ミリ秒（SD = 264.00）であり，無生名詞の 1253.08 ミリ秒（SD = 318.14）と比較するとかなり短

かった。

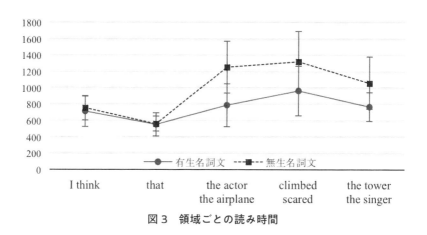

図3　領域ごとの読み時間

　一元配置の分散分析を行うと，その両タイプの主語名詞句の読み時間には差があった（F_1 (1, 29) = 54.99, p<.01, r = .81; F_2 (1, 8) = 11.25, p<.01, r = .77）。動詞位置（P4）の読み時間について比較すると，有生名詞文では963.65ミリ秒（SD = 303.44），無生名詞文では1321.85ミリ秒（SD = 373.37）となっており，分散分析の結果でも，無生名詞文の動詞の読み時間が有意に長くなっていた（F_1 (1, 29) = 22.83, p<.01, r = .66; F_2 (1, 8) = 33.04, p<.01, r = .90）。次に，目的語位置（P5）の名詞句の読み時間を比較すると，有生名詞文では768.54ミリ秒（SD = 177.10），無生名詞文では1059.89ミリ秒（SD = 321.09）となっており，無生名詞文の動詞の読み時間が有意に長くなっていた（F_1 (1, 29) = 24.34, p<.01, r = .68; F_2 (1, 8) = 19.67, p<.01, r = .84）。つまり，that以降に入力される補文内では，無生名詞文の主語，動詞，目的語の読み時間が長くなっていることが明らかになった。

5.3.5　実験3の考察
　有生名詞文と無生名詞文の判断における正答率を比較すると，無生名詞文の正答率が有生名詞文よりかなり低いことがわかった。また読み時間については，無生名詞文の主語，動詞，目的語のすべての領域において読み時間が

長くなっていた。有生名詞文と無生名詞文では，名詞句の主語位置への移動はなく，構造的な違いはないため，この無生名詞文の読み時間の遅延は，構造以外の要因で引き起こされていると思われる。

　本実験で使用された英文を理解する際，補文として that が提示されると，その次には補文内の主語が来ると予測される。もし NVN 方略にもとづき，すべての主語名詞句には Agent の意味役割が与えられているのであれば，主語名詞句の読み時間に差は生じないはずである。しかし，本実験では，有生名詞に比べ無生名詞の読み時間が長くなっていた。このことより，日本人英語学習者は NVN 方略に従い，主語名詞句に意味役割を与えているのではなく，主語には有生名詞が来るという有生性の情報を利用していると推測することができる。したがって，有生性情報に反して無生名詞が主語位置に置かれている無生名詞文では，反応が遅くなったと考えられる。

　さらに，動詞の読み時間においても，主語名詞句の有生性情報が影響を与えている。主語に有生名詞が提示された場合は，その主語名詞句には Agent の意味役割が付与される。そして，動詞が入力されたとしても意味役割は変更する必要がないため，漸次的に処理が進んでいく。一方，無生名詞文の場合は，主語名詞句にはあらかじめ Theme や Patient の意味役割が割り当てられる。しかし，動詞が入力されると，その意味役割は経験主等，別の意味役割へ変更することが求められたため，無生名詞文の動詞の読み時間は長くなったと考えられる。また，無生名詞文では目的語位置の読み時間も長くなっていたが，これは主語や動詞位置での意味役割の変更の**波及効果**（**spillover effect**）により引き起こされたと推測される。

　しかし，この実験の結果は，日本人英語学習者が無生名詞文の英文を正確に理解できないというよりも，本実験で提示した日本文に問題があった可能性も考えられる。実験 3 では，常に有生名詞が主語位置に来るような日本文が使われていた。これは，日本文の主語を見ただけで英文の主語が推測されるのを避けるための配慮であったが，このことにより，無生名詞文の判断が困難になった可能性が考えられる。つまり，有生名詞文の場合は，日本文の主語は英文の主語と同じであるが，無生名詞文では，英文の目的語位置にある名詞句が日本文の主語として使われているため，日本文の主語と目的語を入れ替えて英文を理解する必要が生じる。例えば，（19b）の I thought that

the airplane scared the singer in the sky に対し，「歌手は飛行機を怖がった」の
ような日本文が先に与えられる場合，日本人英語学習者は，補文の主語に有
生名詞 the singer が来ると予想する。しかし，実際にはその予想とは異な
り，日本文の目的語位置にあった無生名詞 the airplane が英文の主語位置に
提示されるため，英文の理解が困難になったと考えられる。

　この無生名詞の登場により処理負荷が高まった証拠として，補文の主語位
置（P3）にある無生名詞の読み時間が有意に長くなっていたことがあげられ
る。つまり，無生名詞の入力により，処理に混乱が起きたことが推測され
る。また，無生名詞文の動詞にも混乱を引き起こす要因があった可能性が考
えられる。日本文では，「歌手は飛行機を怖がった」のような能動文が提示
されたにもかかわらず，英文としては「飛行機が歌手を怖がらせた」のよう
に受動文的に解釈しなければならない。したがって，英文の解釈における受
動化の手続きが理解の困難度を高めたと思われる。

　このように，目標となる英文の解釈において，有生名詞文と無生名詞文の
間に差が見られたことは，実験として問題である。実験文の数を増やすこと
や日本文の影響を考慮した実験方法の見直しなど，無生名詞文を使った実験
について今後さらに検討する必要がある。

6. 全体を通しての考察

6.1 仮説の検証

　能動文と受動文の処理過程を比較した実験 1 では，その両タイプの英文
の文法性判断や読み時間に差はなかったが，実験 2 では，目的語分裂文の
方が主語分裂文より処理に時間がかかることが観察された。さらに，実験 3
では，主語，動詞，目的語の各領域の読み時間において，無生名詞文の方が
長くなるという結果が得られた。

　この結果をもとに（16）で立てた 3 つの仮説について検証すると，構造の
影響を仮定した仮説 1 と NVN 方略による意味役割の影響を反映した仮説 2
では，実験 1 と 3 の結果を説明することができない。もし L2 学習者の文処
理に構造だけが影響を与えるのであれば，実験 1 の受動文の読み時間は能
動文より長くなるはずである。また，実験 3 のように SVO 構造を取る英文

の場合は，主語名詞句の種類に関わらず，その英文の読み時間に差はないことになる。また，NVN 方略によりすべての主語名詞句に Agent の意味役割が与えられるというのであれば，実験 1 の受動文ではその意味役割の変更が要求されるため，受動文の読み時間は能動文より長くなるはずであり，実験 3 では，主語名詞句には同じ Agent の意味役割が付与されるため，主語名詞句の読み時間に差はないと予測された。しかし，実際には，実験 1 では能動文と受動文の読み時間には差が見られず，実験 3 では無生名詞文の読み時間が長くなっていた。したがって，仮説 3 のように主語位置に置かれた名詞の有生性の影響も考慮しなければ，本実験のすべての結果を説明することはできないと考えられる。

　仮説 3 では，名詞の有生性と文構造の 2 つの影響を仮定しているが，実験 1 の結果は，有生性の影響により受動文であったとしても処理負荷が高まらなかったことに起因しており，実験 3 の結果については，日本人英語学習者は，主語位置に置かれた名詞句の有生性の違いに敏感であることを示している。また，実験 2 では，目的語分裂文の方が Filler と Gap の間にある節点の数がより多くあるため，構造の影響により目的語分裂文の処理に時間がかかったと思われる。したがって，本実験では仮説 3 を支持し，L2 学習者は，語彙の有生性と構造の情報を利用し，英文を理解していると結論づけられる。

6.2　L2 学習者の文処理方略

　母語話者を対象とした文処理研究では，母語話者がどのような言語情報を利用し，文を理解しているのかということが議論されている。そして，統語情報が他の情報より先に使われるという**統語優先処理**（**syntax-driven/first parsing**）や，文処理過程では様々な言語情報が使われており，複数の構造が同時に検討されるという**並列処理**（**parallel parsing**）など，様々な文処理モデルが提案されている[10]。

10　統語優先処理は，Crocker（1999），Fodor & Inoue（1998），Frazier（1987），Frazier & Rayner（1982），Pickering（1999），坂本（1998）などが，並列処理については，MacDonald, Pearlmutter, & Seidenberg（1994a, 1994b），Sedivy & Spivey-Knowlton（1994），Trueswell & Tanenhaus（1994）などが主張している。

86 | 第3章 初級・中級レベルの日本人英語学習者の文処理過程における言語情報の影響

　一方，L2 文処理研究では，L2 学習者は，統語情報，形態情報，語彙情報をそれぞれどのように扱うのか，また L2 学習者はどのような情報を利用することができないのか，ということが議論されている（Clahsen & Felser, 2006; Felser & Roberts, 2007; Hara, 2011; Havik, Roberts, Van Hout, Shreuder, & Haverkort, 2009; Hopp, 2006; Jackson, 2008; Jackson & Roberts, 2010; Juffs, 2005; Juffs & Harrington, 1995; Kanno, 2007; Marinis et al., 2005; Papadopoulou & Clahsen, 2003; Suda, 2014; Williams, 2006 など）。

　本実験の結果をもとに，L2 学習者が利用している言語情報について考えると，L2 学習者はいろいろな言語情報を扱いながら英文を理解していると思われる。つまり，名詞が入力されれば，L2 学習者はその有生性情報を使い，それが主語になるかどうか判断し，その判断に従って，意味役割の付与や文構造の構築を行っている。また，そのような漸進的な文理解の過程では，Filler と Gap の距離といった構造の影響が L2 学習者の文処理過程に現れる。さらに，もし有生性の情報をもとにした予測が誤っていると判断した場合は，意味役割の再分析や構造の再構築を行うため，処理負荷が高まることになる。したがって，L2 学習者は，語彙情報と共に統語情報も利用していると考えられる。

　また，L2 学習者の文処理過程には教育の影響も見受けられる。Dąbrowska & Street（2005）では，母語話者と L2 学習者の教育経験の違いをもとに受動文の処理について比較し，教育の影響について議論している。その実験では，能動文と受動文の他に意味的に違和感のある能動文と受動文（例：The dog was bitten by the man）を聞かせ，その文の Agent を答えさせるというタスクを行った。その結果，大学での教育を受けていない英語母語話者では，意味的に違和感のある受動文を聞いた時の正答率は36％であり，多くの問題に対して誤って最初の名詞を Agent と答えていた。一方，高校卒業以上の L2 学習者の場合は，すべてのタイプの文において，90％ 以上の割合で正しくその Agent を答えることができた。

　つまり，教育の影響により，英語母語話者であったとしても，名詞の有生性や動詞の形態変化についてあまり意識を向けることができず，NVN 方略により，主語名詞句に Agent の意味役割を与える傾向があると言えるかもしれない。しかし，L2 学習者の場合は，有生性情報を利用し，主語名詞句

であったとしても無生名詞には Theme や Patient の意味役割を与えることができ，さらに教育において受動文の指導が行われるため，名詞句の移動と受動文で使われる be + 過去分詞形に注意を向けながら文を理解することができると思われる。本研究の実験 1 において，能動文と受動文の処理に差が見られなかったのは，このような受動文の指導が文理解の過程に影響を与えたためかもしれない。

しかし，指導の影響は正の効果だけではなく，負の効果を引き起こす場合もある。教育の現場では，主語に有生名詞を使い，主語以外の場所では無生名詞を使うということ（Givón, 1979）や，受動文では無生名詞が主語として使われるといった典型的な英文がよく利用される。したがって，実験 3 のように，主語位置に無生名詞が置かれている英文を読む場合は，その英文の読み時間が長くなるだけではなく，主語位置に無生名詞が置かれているにもかかわらず受動文となっていない場合は，動詞領域において処理負荷が高まり，動詞の読み時間が長くなる傾向があると思われる。つまり，学習者は，統語情報や語彙情報だけでなく，動詞の形態情報も利用しており，統語情報や語彙情報をもとにした構造に形態情報が合っていない英文を理解する場合は，処理の困難度が高まると考えられる。

7.　おわりに

本研究では，初級・中級レベルの日本人英語学習者の文理解の過程を検証し，日本人英語学習者は，構造を構築する統語情報も名詞句の有生性といった語彙情報も利用し，英文を理解していることを明らかにした。さらに，英語教育における指導の影響もあり，日本人英語学習者は動詞の形態情報に敏感であるということも提案した。

L2 文処理研究では，L2 学習者が利用することのできる言語情報について研究されているが，本実験の結果より，L2 学習者は様々な情報を使い，文を理解していると考えることができる。しかし，この分野の研究は，初級・中級の L2 学習者を対象とした研究の絶対数が少ないだけではなく，実験 3 の考察で指摘したように，実験方法や実験で使ったマテリアルには様々な課題が残されている。今後，このような実験に興味を示したより多くの人が

88 │ 第3章　初級・中級レベルの日本人英語学習者の文処理過程における言語情報の影響

様々に工夫を凝らした実験を行い，初級・中級レベルの L2 学習者や小学生であったとしても，文処理実験に参加できるような実験方法を確立していかなければならない。

　また，本研究では，L2 文処理過程における言語的な要因 (linguistic factors) についてのみ検証してきたが，L2 学習者を対象とした文処理研究を行う際は，目標言語の習熟度や記憶容量といった認知能力の差，さらには母語の影響など，様々な個人的な要因 (personal/individual factors) についても考慮する必要がある。例えば，日本語で文を読むことが遅い人は，英文の場合にはさらに読むことが遅くなる可能性が考えられる。また，何をやるにも慎重な人がこのような文処理実験に参加した場合，文法性判断などの正答率は高いかもしれないが，読み時間が基準より大幅に遅くなり，すべてのデータを境界値で置き換えなければならない事態に陥るかもしれない。逆に，集中力のない人の場合は，読み時間は早いが文を正確に読んでいないため，読み時間を分析する前に多くのデータが削除されるということにもなりかねない。つまり，文処理実験では，より多くの人に実験協力者になってもらい，様々な指標により，ある程度均質な L2 学習者のグループを作り出すことが必要になる。

　さらに，本実験で使用した E-PRIME では，1 回の実験で一人のデータしか集められないため，多くの人からデータを集めようとすると数か月の期間を要し，一人の研究者では限界がある。また，卒論や修論等において学生が文処理実験を行う際には，どのような L2 学習者からどのようなデータをいつどこでどのように集めるのか，といったことを周到に計画しなければならない。それに加え，集めたデータをどのように処理し，分析するのかといったことも念頭に入れておかなければならない。研究には，「面白そうだけど大変」というジレンマがいつも付きまとうのである。

　文処理研究が今後さらに進み，この分野から L2 学習者が身につけた言語知識やその知識の運用について明らかにしていくことができれば，言語使用における自動化の促進や，英語学習の困難さの軽減につながる教材や活動内容の開発につなげることができるであろう。

参考文献

Bever, T. G. (1970). The cognitive basis for linguistic structures. In J. R. Hayes (Ed.), *Cognition and the development of language* (pp. 279–362). New York: Wiley.

Borer, H., & Wexler, K. (1987). The maturation of syntax. In T. Roeper & E. Williams (Eds.), *Parameter setting* (pp. 23–172). Dordrecht: Reidel.

Borer, H., & Wexler, K. (1992). Bi-unique relations and the maturation of grammatical principles. *Natural language and linguistic theory*, *10*, 147–189.

Baumann, H., Nagengast, J., & Klaas, G. (1993). New experimental setup (NESU). m.s. Nijmegen: Max Planck Institute for Psycholinguistics.

中條和光. (1983). 「日本語単文の理解過程：文理解のストラテジーの相互関係」.『心理学研究』*54*, 250–256.

Clahsen, H., & Felser, C. (2006). Grammatical processing in language learners. *Applied psycholinguistics*, *27*, 3–42.

Crocker, M. (1999). Mechanisms for sentence processing. In S. Garrod & M. Pickering (Eds.), *Language processing* (pp. 191–232). London: Psychology Press.

Dąbrowska, E., & Street, J. (2005). Individual differences in language attainment: Comprehension of passive sentences by native and non-native English speakers. *Language sciences*, *28*, 604–615.

Felser, C., & Roberts, L. (2007). Processing wh-dependencies in a second language: A cross-modal priming study. *Second language research*, *23*, 9–36.

Ferreira, F. (1994). Choice of passive voice is affected by verb type and animacy. *Journal of memory and language*, *33*, 715–736.

Ferreira, F. (2003). The misinterpretation of noncanonical sentences. *Cognitive psychology*, *47*, 164–203.

Fiebach, C. J., Schlesewsky, M., & Friederici, A. D. (2001). Syntactic working memory and the establishment of filler-gap dependencies: Insights from ERPs and fMRI. *Journal of psycholinguistic research*, *30*, 321–338.

Fodor, J. D., & Inoue, A. (1998). Attach anyway. In J. D. Fodor & F. Ferreira (Eds.), *Reanalysis in sentence processing* (pp. 427–473). Dordrecht: Kluwer Academic Publishers.

Ford, M. A. (1983). A method for obtaining measures of local parsing complexity throughout sentences. *Journal of verbal learning and verbal behavior*, *22*, 203–218.

Frazier, L. (1987). Sentence processing: A tutorial review. In M. Coltheart (Ed.), *Attention and performance* (pp. 559–586). Hillsdale, NJ: Lawrence Erlbaum Associates.

Frazier, L., & Flores d'Arcais, G. B. (1989). Filler-driven parsing: A study of gap filling in Dutch. *Journal of memory and language*, *28*, 331–344.

Frazier, L., & Rayner, K. (1982). Making and correcting errors during sentence comprehension: Eye movements in the analysis of structurally ambiguous sentences. *Cognitive psychology*, *14*, 178–210.

Gennari, S. P., & MacDonald, M. C. (2008). Semantic indeterminacy in object relative clauses. *Journal of memory and language*, *58*, 161–187.

Gibson, E. (1998). Linguistic complexity: Locality of syntactic dependencies. *Cognition*, *68*, 1–76.

Gibson, E., Desmet, T., Grodner, D., Watson, D., & Ko, K. (2005). Reading relative clauses in English. *Cognitive linguistics*, *16*, 313–353.

Hara, M. (2011). Real-time reading and reactivation evidence of syntactic gap processing in Japanese scrambling. In L. Plonsky & M. Schierloh (Eds.), *Selected proceedings of the 2009 second language research forum* (pp. 31–50). Somerville, MA: Cascadilla Proceedings Project.

Havik, E., Roberts, L., Van Hout, R., Shreuder, R., & Haverkort, M. (2009). Processing subject-object ambiguities in the L2: A self-paced reading study with German L2 learners of Dutch. *Language learning*, *59*, 73–112.

Hawkins, R. (2001). *Second language syntax*. Oxford: Blackwell.

Haznedar, B., & Schwartz, B. D. (1997). Are there optional infinitives in child L2 acquisition? In E. Hughes, M. Hughes, & A. Greenhill (Eds.), *Proceedings of the 21st annual Boston University conference on language development* (pp. 257–268). Somerville, MA: Cascadilla Press.

Hinkel, E. (2002). Why English passive is difficult to teach (and learn). In E. Hinkel & S. Fotos (Eds.), *New perspectives on grammar teaching* (pp. 233–260). Mahwah, NJ: Lawrence Erlbaum Associates.

Hirose, Y., & Inoue, A. (1998). Ambiguity of reanalysis in parsing complex sentences in Japanese. In D. Hillert (Ed.), *Syntax and semantics 31* (pp. 71–93). San Diego, CA.: Academic Press.

Hopp, H. (2006). Syntactic features and reanalysis in near-native processing. *Second language research*, *22*, 369–397.

Jackson, C. N. (2008). Proficiency level and the interaction of lexical and morphosyntactic information during L2 sentence processing. *Language learning*, *58*, 875–909.

Jackson, C. N., & Roberts, L. (2010). Animacy affects the processing of subject-object ambiguities in the L2: Evidence from self-paced reading with German L2 learners of Dutch. *Applied psycholinguistics*, *31*, 671–691.

Juffs, A. (2005). The influence of first language on the processing of wh-movement in English as a second language. *Second language research*, *21*, 121–151.

Juffs, A., & Harrington, A. (1995). Parsing effects in second language sentence processing: Subject and object asymmetries in wh-extraction. *Studies in second language acquisition*, *17*, 482–516.

Kamide, Y., & Mitchell, D. C. (1999). Incremental pre-head attachment in Japanese parsing. *Language and cognitive processes*, *14*, 631–662.

Kanno, K. (2007). Factors affecting the processing of Japanese relative clauses by L2 learners. *Studies in second language acquisition*, *29*, 197–218.

Kim, J., Koizumi, M., Ikuta, N., Fukumitsu, Y., Kimura, N., Iwata, K., Watanabe, J., Yokoyama, S., Sato, S., Horie, K., & Kawashima, R. (2009). Scrambling effects on the processing of Japanese sentences: An fMRI study. *Journal of neurolinguistics*, *22*, 151–166.

King, J., & Just, M. (1991). Individual differences in syntactic processing: The role of working memory. *Journal of memory and language*, *30*, 580–602.

King, J., & Kutas, M. (1995). Who did what and when? Using word- and clause-level ERPs to monitor working memory usage in reading. *Journal of cognitive neuroscience*, *7*, 376–395.

小泉政利・玉岡賀津雄. (2006). 「文解析実験による日本語副詞類の基本語順の判定」. 『認知科学』 *13*, 392–403.

Lardiere, D. (1998a). Case and tense in the fossilized state grammar. *Second language research*, *14*, 1–26.

Lardiere, D. (1998b). Dissociating syntax from morphology in a divergent L2 endstate grammar. *Second language research*, *14*, 359–375.

MacDonald, M. C., Pearlmutter, N. J., & Seidenberg, M. S. (1994a). Syntactic ambiguity resolution as lexical ambiguity resolution. In C. Clifton, L. Frazier, & K. Rayner (Eds.), *Perspectives on sentence processing* (pp. 123–153). Hillsdale, NJ: Lawrence Erlbaum Associates.

MacDonald, M. C., Pearlmutter, N. J., & Seidenberg, M. S. (1994b). The lexical nature of syntactic ambiguity resolution. *Psychological review*, *101*, 676–703.

Mazuka, R., & Itoh, K. (1995). Can Japanese speakers be led down the garden path? In R. Mazuka & N. Nagai (Eds.), *Japanese sentence processing* (pp. 295–329). Mahwah, NJ: Lawrence Erlbaum Associates.

Mazuka, R., Itoh, K., & Kondo, T. (2002). Costs of scrambling in Japanese sentence processing. In M. Nakayama (Ed.), *Sentence processing in East Asian languages* (pp. 131–166). Stanford, CA: CSLI Publications.

Marinis, T., Roberts, L., Felser, C., & Clahsen, H. (2005). Gaps in second language sentence processing. *Studies in second language acquisition*, *27*, 53–78.

Miyamoto, E. T., & Takahashi, S. (2002). Sources of difficulty in the processing of scrambling in Japanese. In M. Nakayama (Ed.), *Sentence processing in East Asian languages* (pp. 167–188). Stanford: CSLI Publications.

中村捷・金子義明・菊地朗. (2001). 『生成文法の新展開』. 東京：研究社.

O'Grady, W. (1997). *Syntactic development.* Chicago: University of Chicago Press.

O'Grady, W., Lee, M., & Choo, M. (2003). A subject-object asymmetry in the acquisition of relative clauses in Korean as a second language. *Studies in second language acquisition, 25*, 433–448.

Omaki, A., & Ariji, K. (2005). Testing and attesting the use of structural information in L2 sentence processing. In L. Dekydtspotter, R. A. Sprouse, & A. Liljestrand (Eds.), *Proceedings of the 7th generative approaches to second language acquisition conference* (pp. 205–218). Somerville, MA: Cascadilla Proceedings Project.

Otsu, Y. (2000). A preliminary report on the independence of sentence grammar and pragmatic knowledge: The case of the Japanese passives - A developmental perspective. *Keio studies in theoretical linguistics, 2*, 161–170.

Oxford University Press. (2002). *Oxford quick placement test*. Oxford: Oxford University Press.

Papadopoulou, D., & Clahsen, H. (2003). Parsing strategies in L1 and L2 sentence processing: A study of relative clause attachment in Greek. *Studies in second language acquisition, 25*, 501–528.

Phillips, C., Kazanina, N., & Abada, S. (2005). ERP effects of the processing of syntactic long-distance dependencies. *Cognitive brain research, 22*, 407–428.

Pickering, M. J. (1999). Sentence comprehension. In G. Simon & M. Pickering (Eds.), *Language processing* (pp. 123–153). Hove: Psychology Press.

Prévost, P., & White, L. (2000a). Accounting for morphological variation in second language acquisition: Truncation or missing inflection?. In M. A. Friedmann & L. Rizzi (Eds.), *The acquisition of syntax: Studies in comparative developmental linguistics* (pp. 202–235). Harlow: Longman.

Prévost, P., & White, L. (2000b). Missing surface inflection or impairment in second language acquisition? Evidence from tense and agreement. *Second language research, 16*, 103–133.

Quirk, R.. Greenbaum, S., Leech, G., & Svartvik, J. (1972). *A grammar of contemporary English*. Harlow: Longman.

Saito, M. (1985). *Some asymmetries in Japanese and their theoretical implications*. Unpublished Ph.D. Dissertation. Cambridge, MA: MIT.

坂本勉. (1998). 「人間の言語情報処理」. 大津由起雄・坂本勉・乾敏郎・西光義弘・岡田伸夫 (編). 『言語科学と関連領域』(pp. 1–55). 東京：岩波書店.

Sedivy, J., & Spivey-Knowlton, M. (1994). The use of structural, lexical, and pragmatic information in parsing attachment ambiguities. In C. Clifton, L. Frazier, & K. Rayner (Eds.), *Perspectives on sentence processing* (pp. 389–413). Hillsdale, NJ: Lawrence Erlbaum Associates.

Stowe, L. A. (1986). Parsing wh-constructions: Evidence for on-line gap location. *Language and cognitive processes, 1*, 227–245.

Suda, K. (2014). *The sentence comprehension processes by second language learners: The influence of proficiency and working memory*. Unpublished Ph.D. Dissertation. Miyagi: Tohoku University.

Sugisaki, K. (1999). Japanese passives in acquisition. In D. Braze, K. Hiramatsu, & Y. Kudo (Eds.), *Cranberry linguistics: University of Connecticut working papers in linguistics*, *10*, 145–156. Cambridge, MA: MIT Working Papers in Linguistics.

Swan, M. (1995). *Practical English usage*. Oxford: Oxford University Press.

Tamaoka, K., Sakai, H., Kawahara, J., Miyaoka, Y., Lim, H., & Koizumi, M. (2005). Priority information used for the processing of Japanese sentences: Thematic roles, case particles or grammatical functions?. *Journal of psycholinguistic research*, *34*, 273–324.

Traxler, M. J., Morris, R. K., & Seely, R. E. (2002). Processing subject and object relative clauses: Evidence from eye movements. *Journal of memory and language*, *47*, 69–90.

Trueswell, J. C., & Tanenhaus, M. K. (1994). Toward a lexicalist framework for constraint-based syntactic ambiguity resolution. In C. Clifton, L. Frazier, & L. Rayner (Eds.), *Perspectives in sentence processing* (pp. 155–179). Hillsdale, NJ: Lawrence Erlbaum Associates.

Trueswell, J. C., Tanenhaus, M. K., & Garnsey, S. M. (1994). Semantic influence on parsing: Use of thematic role information in syntactic ambiguity resolution. *Journal of memory and language*, *33*, 285–318.

Trueswell, J. C., Tanenhaus, M. K., & Kello, C. (1993). Verb-specific constraints in sentence processing: Separating effects of lexical preference from garden-paths. *Journal of experimental psychology: Learning, memory and cognition*, *19*, 528–553.

Ueno, M., & Kluender, R. (2003). Event-related brain indices of Japanese scrambling. *Brain and language*, *86*, 243–271.

White, L. (2003). *Second language acquisition and universal grammar*. Cambridge: Cambridge University Press.

Williams, N. J. (2006). Incremental interpretation in second language sentence processing. *Bilingualism: Language and cognition*, *9*, 71–88.

平成 24 年度版文部科学省中学校英語検定教科書
『New Horizon English Course』笠島準一・関典明（代表著者）．東京：東京書籍．
『Sunshine English Course』新里眞男（代表著者）．東京：開隆堂出版.

平成 25 年度版文部科学省高等学校英語検定教科書
『Crown English Communication』霜崎實（代表著者）．東京：三省堂.
『Genius English Communication』村野井仁（代表著者）．東京：大修館書店.

第4章

第二言語習得における
量化子拡張解釈の欠如

鈴木孝明

1. はじめに

　子どもの母語獲得において，多くの言語に共通して起こる誤りの1つに**量化子拡張解釈**（**quantifier spreading**）がある[1]。これは，典型的には次ページに示す図1のような絵と（1）に示すような実験文を使った**真偽値判断法**（**truth value judgment task**）によって調査が行われてきた。

（1）　Is every girl riding an elephant?

真偽値判断法とは，母語（L1）獲得研究では頻繁に用いられる実験方法の1つで，文解釈を調査する際に使われる。絵や物語によって特定の事実を提示し，実験文の内容がそれと合致するのかどうかを判断させる。図1の場合は，4頭のゾウがいて，その内の3頭には女の子が乗っているという事実が提示されている。これに関して（1）の質問を行う。被験者がこの質問文を正しく解釈していれば，（1）の答は Yes となるが，多くの子どもは No と答え，

---

1 「量化子」という用語は quantifier の日本語訳である。「数量詞」あるいは「量化詞」という語を当てても本稿で意図するところは変わらないが，ここでは意味論におけるテクニカルタームとしてこの用語を採用した（荻原, 2016 を参照）。また，同じ理由で，universal quantifier に「全称量化子」という用語を使うが，これは「普遍数量詞」や「普遍数量子」と同義である。

[95]

その理由として女の子が乗っていないゾウがいるからだと説明するのである。このような誤りは「量化子拡張解釈」と呼ばれるが，このほかにも「網羅的対応 (exhaustive pairing)」，あるいは，「対称的反応 (symmetrical response)」とも呼ばれ，もともと Inhelder & Piaget (1964) の階層区別 (class inclusion) による認知発達上の問題だと考えられてきた。ところが，学童期の7歳頃まで誤った解釈が観察されるという報告や (Philip, 1995)，さらに12歳ごろにならないと完全に誤りはなくならないという提案もあり (Roeper, Strauss, & Pearson, 2004)，その原因に関して，様々な議論が繰り広げられている。

図1　絵の使用例（鈴木・白畑（2012）より転記）

　本研究では，このような量化子拡張解釈を，第二言語 (L2) 習得を対象とした2つの実験を通して調査する。その目的は以下の2点である。第一に，大人のL2学習者にも，L1獲得と同じような量化子拡張解釈が起こるのかどうかを探り，この現象に関するL2習得の特徴を浮き彫りにすることである。第二に，ここで得られたL2習得に関する知見をL1獲得研究にいかして，L1で量化子拡張解釈が起こる要因の特定化に貢献することである。本論では，L1研究とL2研究の相互作用的アプローチ（鈴木, 2011）を念頭におき，L2研究における量化子拡張解釈が，L1研究に対してどのような意義を持つのかという議論も行う。

2. 量化子拡張解釈

　子どもの文理解における量化子拡張解釈は様々な言語で観察されてきた。Philip（1995）は，英語と日本語で実験を行い，両方の言語で誤りが起こったと報告している。また，その後の研究においても，オランダ語（Philip, 2004）や韓国語（Kang, 2001）などで誤りが観察されている。このように，量化子拡張解釈はL1の違いに関係なく起こる普遍的な誤りであると広く認められている一方で，その要因に関しては，現在のところ一致した見解が得られていない。ここでは様々な提案を，あえて大きく2つに分けて捉えることにする。

　1つの有力な仮説は，量化子拡張解釈は文法発達にかかわる誤りだとするものである。本論ではこれを文法発達仮説と呼ぶことにする。この立場では，主に**全称量化子**（**universal quantifier**）の領域（domain）に関する問題が指摘されている。統語的に *every* など全称量化子の領域は，直後の名詞句に限定される。よって，(1) に使用された *every* は図1の絵に描かれた「女の子たち」を正しく表していることになる。ところが，量化子拡張解釈をする子どもは，女の子の乗っていない「ゾウ」の方に着目して (1) の文を否定する。これは子どもの文法において *every* が副詞のような役割をしており，そのために *every* が *girl* と *elephant* という両方の名詞句を修飾する解釈を行うのではないかというのである（Roeper & Matthei, 1974）。また，*every* が副詞として出来事（event）を修飾するならば（Philip, 1995），(1) の文には「すべての女の子がゾウに乗っている」だけでなく「すべてのゾウには女の子が乗っている」という解釈が可能になる。さらに，Roeper et al. (2004) は，子どもの文法における全称量化子は，最初は遊離量化子（floating quantifier）として機能し，その後，焦点句の量化子となり，最終的に決定詞としての領域をもつという発達過程を提案している。これらの立場では，子どもの意味表象における誤りは，統語にかかわる文法知識の欠如や発達の問題がその根底にあり，これは普遍文法による制約を受けると考えられている。

　また，文法発達仮説のもう1つの立場として，問題があるのは全称量化子の統語的な側面ではなく，量化の過程であるという主張もある（Drozd, 2001; Drozd & van Loosbroek, 1999; Geurts, 2003）。*Every* などの全称量化子

は，**強量化子**（**strong quantifier**）と呼ばれ，領域の限定に関しての**前提**（**presupposition**）が存在する。たとえば，（1）の文の *every girl* は，全世界に存在するすべての女の子を対象とするのではなく，図1に示された女の子を対象のセット（relevant set）として捉える必要がある。Drozd（2001）とDrozd & van Loosbroek（1999）によると，子どもにとっては，このような前提が困難なため，明確な手がかりがない場合，子どもはすべての量化子を，前提を必要としない**弱量化子**（**weak quantifier**）として扱ってしまうのだという。また，Geurts（2003）も同様に，子どもは強量化子を弱量化子として捉えると考えているが，その原因は統語と意味のマッピングにおける処理の困難さによるものだと主張している。これらの立場では，何らかの文法的要因により子どもは，全称量化子にかかわる文理解の方法が大人とは異なることになる。

　文法発達仮説に対して，量化子拡張解釈は究極的には認知発達にかかわる問題であり，これが実験の**アーティファクト**（**artifact**）として表出するという提案がある[2]。ここでは，この立場を便宜的に認知発達仮説と呼ぶことにする。

　たとえば，Crain, Thornton, Boster, Conway, Lillo-Martin, & Woodams（1996）は，文脈なしに実験文を提示して，意味のない判断を強いることに問題があると考えた。そこで，物語を使用して十分な文脈を与えた上で，（2）のような文の真偽値を判断させる課題を行った。

(2)　　Every skier drank a cup of hot apple cider.

この例で重要なことは，物語の中でスキーヤー達全員がアップルサイダーを選択するわけではないという可能性を示すことである[3]。実際の物語では，あ

2　アーティファクト（artifact）は，人為的な副産物という意味で，しばしば科学実験に関して用いられる用語である。この場合，実験で探ろうとしているもの以外の外的要因が入り込んでしまっているために，本質が見えにくくなるということを表している。よって，通常はアーティファクトをできるだけ排除して調査を行うことが望ましいと考えられる。
3　Crain et al.（1996）は，これを否定可能性（plausible dissent）と呼んでいる（松岡（2004）による解説も参照）。

2. 量化子拡張解釈 | 99

る女の子が最初は炭酸飲料を選ぼうとするが，母親からの忠告を受けて最終
的にアップルサイダーを選ぶというくだりが示されている。こうすること
で，（3）の文が表す事の真偽を判断させる意味が出てくるというわけであ
る。このような条件で実験文を提示すると，これまで量化子拡張解釈をして
いた3～5歳児の平均正解率は88%に達したと報告されている。つまり，こ
の方法では量化子拡張解釈はほとんど起こらないことがわかったのである。

　また，Sugisaki & Isobe（2001）は先行研究で使用されてきた絵に描かれた
人，動物，物の数に影響があると考えた[4]。たとえば，伝統的に使用されてき
た図1の絵を見て，おそらく誰もが注目するのは女の子の乗っていないゾ
ウだろう。つまり，この絵全体を見ると，この部分で女の子とゾウの対称性
が崩れ，ゾウが1頭余っていることが強調されているようである。このよ
うな余剰物の顕著性（**saliency**）が量化子拡張解釈に結びつくと考え，この研
究では図1のような余剰物の顕著性が比較的高い条件と，余剰物の数を増
やして，その顕著性が低くなる条件で日本語を獲得する4～5歳児を対象と
した実験を行った。その結果，余剰物が顕著な条件における正解率が37.5%
だったのに対して，余剰物が視覚的に顕著ではない条件での正解率は87.5%
に達した。この結果は，子どもの解釈が絵のタイプに影響されること，ま
た，余剰物の顕著性がなくなれば，全称量化子を含む文を正しく解釈できる
ことを示している。

　さらに真偽値判断法というタスク自体に誤りを誘発する要因があると考え
たO'Grady, Suzuki, & Yoshinaga（2010）は，日本語を獲得する4～5歳児に
対して**動作法**（**act-out task**）による実験を試みている。これまで子どもの量
化子拡張解釈を調べる実験は，ほぼ真偽値判断法に限られていた。この方法
では事象があらかじめ準備されており，子どもには提示された事象に対して
の判断が要求される。これに対して，同じ文理解タスクでも，動作法では子
どもが自ら理解した文の内容を，パペットやおもちゃを使って示すことにな
る。もし子どもの量化子拡張解釈が，文法発達によるものであれば，実験方
法にかかわらず誤りが認められるはずである。そこで，この研究では実験参
加者に真偽値判断法と動作法の両方のタスクを行い，その結果を比較した。

4　Gouro, Norita, Nakajima, & Ariji（2001）も同様に視覚的な顕著性の影響を調査している。

すると，絵を使用した真偽値判断法で93.3%もの量化子拡張解釈をした子どもが，動作法では20.5%しか量化子拡張解釈を行わなかったのである。動作法における正解率はあまり高くはないが，真偽値判断法との差は歴然としている。これらの結果は，子どもの量化子拡張解釈はタスクによる影響が大きいこと，そして，文法発達による誤りではない可能性を示唆していると思われる。

　L1を対象とした先行研究の結果を整理すると，以下のようにまとめることができる。すなわち，量化子拡張解釈は言語の違いに関係なく起こる普遍的な誤りであるが，その原因に関しては，子どもの文法発達に起因すると考える文法発達仮説と，実験のアーティファクトであり文法発達が直接の原因ではないという認知発達仮説の2つに大きく分けることができる。

3. L2習得における量化子拡張解釈

　L1研究で始まった量化子拡張解釈の調査は，L2習得においても行われるようになった。DelliCarpini（2003）は，スペイン語や日本語など6つの異なる言語を母語とする英語学習者60人を対象とした調査を行った。この研究では，独自のスピーキングテストにより被験者を2つの習熟度別グループに分けて，真偽値判断法によるタスク（伝統的な絵を使用したタスクと物語を使用したタスク）と絵画選択法による文理解課題を行った。その結果，L2学習者にも量化子拡張解釈が見られ，誤り率は条件や習熟度別グループによって3.8%から42.7%と幅があることが報告されている。しかしながら，異なるタスクが学習者の解釈にどのような影響を及ぼすのか，また，タスクの種類と学習者の習熟度はどのように関係するのかといった体系的な調査や分析は行われていない。しかし，この研究で興味深いことは，L1とL2では全称量化子を含む文を否定する理由が異なる可能性を指摘している点である。図1と (1) の文を例にとると，L1の子どもは，女の子の乗っていないゾウが存在することを問題とするが，L2学習者は，異なるゾウが存在すること（同一のゾウではないこと），あるいは，ゾウが一頭ではないために (1) の文を否定するという反応が多数見られたという。さらに，このような誤りは，習熟度の高いグループでは中国語，日本語，韓国語の母語話者に限られ

ていたため，DelliCarpini は，L1 の転移である可能性があると述べている[5]。

Berent, Kelly, & Schueler-Choukairi (2009) も聴覚障がい者との比較において，L2 学習者を対象とした英語の実験調査を行い，量化子拡張解釈が 3 割程度見られたと報告している。英語の習熟度に関しては，ミシガンテストを用いて 2 グループに分けたが，この影響はなかった。なお，実験参加者の母語は 12 言語にわたり，統制されていない。この研究では 1 つの実験文に対して 5 枚の絵を別々に提示することで，参加者の様々な解釈を調査している。その中には，(1) のような文に対して，女の子とゾウが 1 対 1 で対応する分配読みの絵と，複数の女の子と一頭のゾウが対応する集団読みの絵が含まれていたが，量化子拡張解釈を調査するための絵は分配読みの絵に限られていたことが残念である[6]。なお，Berent et al. (2009) は**作用域（scope）**の経済性という観点で全称量化子を含む文の解釈を捉えており，量化子拡張解釈が起こるのは，文法や文処理にかかわる語用論的知識の問題であると提案している。

これに対して，**継承語（heritage language）**話者を調査した Sekerina & Sauermann (2015) の研究では，L2 で量化子拡張解釈にかかわる誤りはほとんど起こらないという結果が提示されている。この研究の実験参加者は英語とロシア語の成人バイリンガル 28 名で，英語が優勢言語でロシア語が継承語である。タスクは提示された絵に対して，Yes か No のボタンを押して答えるオンラインによる真偽値判断法で，英語とロシア語の両方で行われた。優勢言語である英語では，量化子拡張解釈は皆無であった。また，L2 のロシア語でも平均正解率は 80% で，その場合の反応時間もコントロール文との差は認められなかった。さらに，習熟度の効果も見られなかった。これらの結果は，継承語の場合には量化子拡張解釈は起こりにくいということ，しかしそれでも，皆無とはならないことを示している。誤りの要因としては，

5　量化子拡張解釈については，L1 からの負の転移による誤りということは考えにくい。たとえば，全称量化子 every に相当する日本語として「どの…も」や「すべての…が」という表現が考えられるが，いずれの全称量化子も，その領域は直後の名詞句であり，この点において英語と変わらない。同じことは他の言語にも当てはまるので，L2 習得では L1 の転移を考慮せず，学習者の L1 を統制していない研究が多い。

6　分配読みと集団読みについては 5.2 節で詳しく説明する。

絵と文の顕著性にかかわる認知的要因が提案されているが，この実験で使用された絵における余剰物の数は常に 2 つであり，これがどれほどの顕著性をもつのかはわからない。

以上のように，L2 習得研究では，L2 学習者にも L1 と同じように量化子拡張解釈が起こるという研究（DelliCarpini, 2003; Berent et al., 2009）と，このような誤りは（ほぼ）起こらないという研究（Sekerina & Sauermann, 2015）に分かれるようである。ただし，誤りが起こると言った場合，どれ位の数値をもってそのように判断するのかという問題は，ここで取り上げた研究に限らず，言語習得研究に常につきまとう問題である。単純なミスと組織的に起こる誤りを区別するためには，個人分析や質的分析の必要もあるだろう。

4.　本研究の目的と仮説

本研究では 2 つの実験を通して，L2 習得にも量化子拡張解釈が起こるのかどうかを体系的に探った。そのために，以下 5 点のことに留意して実験を計画した。第一に，学習者の母語を統一した。量化子拡張解釈は，L1 では母語の違いに関わらず観察される普遍的な誤りであるため，L2 研究でも母語の違いには注目せず，異なる母語話者を同等に扱う研究が多かった。しかし DelliCarpini（2003）が提案するように，母語に影響を受けた誤りが起こる可能性もあり，特に日本語，韓国語，中国語がその候補としてあげられている。よって，本研究では実験参加者をすべて日本語母語話者の英語学習者として，L1 の影響を考慮することにした。第二に，これらの参加者は初級学習者とした。先行研究では目標言語の習熟度による影響があったとする研究（DelliCarpini, 2003）となかったとする研究（Berent et al., 2009; Sekerina & Sauermann, 2015）があるが，文法発達にかかわる誤りの多くは，通常，初級学習者に観察される。ここでもその点を考慮して，習熟度の比較的低い学習者を対象とした。第三に，実験材料（絵など）で使用する余剰物の数を 1 に固定した。これは，L1 を対象とした多くの研究がそのようにしているため L1 との比較がしやすいこと，また，余剰物が 1 の場合，その顕著性が高いことは，少なくとも L1 研究では Sugisaki & Isobe（2001）の実験によって示されているためである。第四に，分配読みと集団読み，という 2 つの解釈

の影響を体系的に探ることにした。真偽値判断法を用いたタスク（実験 1）では，分配読みと集団読みのそれぞれの解釈を示す絵に，余剰物が存在する条件と余剰物が存在しない条件をもうけて，2 つの解釈が量化子拡張解釈に与える影響を探った。イベント作成タスク（実験 2）では，学習者がどちらの解釈も自由にできるようにして，その選好を探った。最後に，実験文で使用する全称量化子は *every* に統一して，*every* の基本的な意味理解ができているかどうかを前提条件課題として実験に含めた。多くの先行研究では，実験参加者が「*every* は与えられた文脈の中でこれが修飾する名詞句のすべてを指す」ということを理解していると仮定しているようである。しかしこのような前提は，特に初級学習者を対象とする場合は成り立たない場合もある。よって，本研究ではこの点を考慮し，前提条件課題の結果に基づいて，分析対象者のスクリーニングを行うことにした。

　以上のことを踏まえて，本研究では，Yes / No で答える真偽値判断法（実験 1）と動作法に相当するイベント作成タスク（実験 2）を行った。実験 1 の真偽値判断法は，伝統的に L1 研究で行われている絵を使用したオフラインタスクで，実験 2 は真偽値判断法で生じる可能性があるアーティファクトをコントロールするためのタスクである。もし L2 学習者の量化子拡張解釈が文法発達に関する誤りであれば，タスクの違いにかかわらず，誤りが観察されるはずである。特に，初級学習者の場合は，そのような誤りが観察され易いと予測できる。また，分配読みと集団読みに関しての効果もあるかもしれない。これらの解釈のどちらかにのみ，量化子拡張解釈が起こる可能性もある。また，もし L2 学習者の誤りが，これらの解釈のいずれかを否定することで起こるものならば，それは量化子拡張解釈ではなく，L2 学習者を特徴づける別の解釈として捉える必要がある。

5. 実験 1[7]

5.1 参加者
　英語を外国語として学習する日本語母語話者 31 名が実験に参加した。参

7　本稿で扱う実験 1 のデータは，Yoshinaga & Suzuki（2007）の一部を利用したものである。

加者の TOEFL-ITP スコアの平均値は 441 点（標準偏差 = 26.8）で，その範囲は 373 点から 493 点だった。全員が日本の教育制度において 6 年間の英語教育を受けていたが，TOEFL-ITP のスコアから判断して，英語の習熟度は初級だと考えられる。これらの参加者を習熟度別に同数のグループに分けようとしたが，同点が複数存在したため，上位グループ 17 人（TOEFL-ITP 平均 = 459 点，範囲 = 443 点～493 点）と下位グループ 14 人（TOEFL-ITP 平均 = 414 点，範囲 = 373 点～433 点）の 2 グループとなった。参加者はすべて日本に居住する大学生で，英語圏に 1 年以上続けて留学した経験のあるものはいなかった。

5.2　材料と手続き

　実験文は (3) のように主語に *every* を含み，目的語には無生物を使用した他動詞文を使用した。このような文を，たとえば，(4) に示すような絵（3 人の女の子がそれぞれ箱を 1 つずつ運んでいる絵）と共に提示し，参加者は (3) の内容が絵に合っていると思う場合にはカッコ内に○を，そうでない場合は×を書き込むように求められた。

(3)　　Every girl is carrying a box.（　　）
(4)　　女の子ー箱
　　　　女の子ー箱
　　　　女の子ー箱

すべての実験文は (3) の形だが，絵は表 1 に示すように余剰物の有無（余剰物あり／余剰物なし）と解釈（分配読み／集団読み）が異なる 4 タイプを用いて，各条件とも 4 トークン準備した。余剰物ありの絵には，動作主の行動が及ばない物が 1 つだけ描かれている。これに対して，余剰物なしの絵では，動作主とその行動が及ぶ物がすべてペアで示されている。もし参加者が量化子拡張解釈を行うならば，余剰物ありの絵に対して容認できないという判断を行うはずである。解釈に関しては，分配読みの場合は 3 人の動作主がそれぞれ別々の物に対して行動を起こしているが，集団読みは 3 人の動作主が同じ 1 つの物に対して動作を及ぼしている絵を使用した。

表1　実験1で使用した絵のパターン

	余剰物あり	余剰物なし
分配読み	女の子―箱 女の子―箱 女の子―箱 箱	女の子―箱 女の子―箱 女の子―箱
集団読み	女の子 女の子 ―箱 女の子 　　　箱	女の子 女の子 ―箱 女の子

　また，これとは別に前提条件課題を設けて，分析対象者のスクリーニングを行った。前提条件課題は，全称量化子 every の基本的な意味が理解できているかどうかを確かめるためのもので，例えば (3) の文に関して，(5) に示すように，4 人の女の子のうち 3 人の女の子が行動を起こし，残りの 1 人は何もしていないという余剰動作主を描いた絵を使用した[8]。

(5)　　女の子―箱
　　　　女の子―箱
　　　　女の子―箱
　　　　女の子

もし every の基本的な意味が理解できれば，余剰動作主を含む (5) の絵に対する (3) の文は不適切と判断されるはずである。このようなペアを分配読みと集団読みで 4 トークンずつ提示し，このうち合計 2 つ以上の間違いがあった場合は，その参加者を分析対象から外した。
　前提条件課題も含め，合計 24 の実験文と絵のペアを作成した。文に使われる人（主語），物（目的語），動詞の組合せは特定の条件と対応しないようにカウンターバランスをとり，絵に描かれる人や物の配置も特定の条件と対

8　厳密に言えば，余剰人物は動作を行っていないので動作主とは言えないが，ここでは便宜的に「余剰動作主」と呼ぶことにする。

応しないようにした。同一の文は1度しか使わず，提示順は，擬似ランダムに2通り準備して，それぞれを約半数の参加者に割り当てた。実験は授業の一環として，履修者全員を対象に行った。実験材料の最初のページに日本語による説明と練習問題が2問示され，実験者の口頭による説明と指示により進められた。その後，参加者は各自のペースですべての課題に取り組んだ。課題は1ページに3問示されており，最後のページには，参加者の英語学習歴を調査するためのアンケートが付されていた。時間制限は設けなかったが，すべての参加者は15分以内ですべてを終了した。

5.3 結果と考察

前提条件課題の結果，2名が分析対象から除かれた。この2名はいずれも下位グループの参加者であった。残り29名が分析対象となったが，これらの学習者はどの条件においても，90%以上の割合で実験文を容認した。反復測定の分散分析の結果，解釈の効果 ($F(1, 27) = .038, p = .848$)，余剰物の効果 ($F(1, 27) = 2.412, p = .132$)，グループの効果 ($F(1, 27) = 2.208, p = .149$)，および，これらに関するすべての交互作用が5%水準で有意ではないことが確認された。図2は，グループを1つにまとめて，条件ごとに容認度の平均値を示したものである。

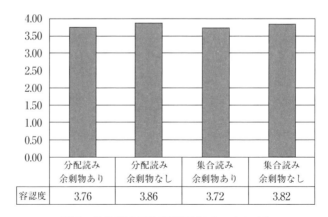

図2　条件別の平均容認度 (4トークン中)

この図からも明らかなように，全体としての容認率は高く，余剰物ありの条件でも，分配読みで94%，集団読みで93%と，量化子拡張解釈だと考えられる回答はほとんど見られなかった。

次に，個人分析では，29人中19人（65.5%）がすべての文を容認したことがわかった。残り10人は，いずれかの条件において少なくとも1文を容認しなかったことになる。この10名の詳細を示したのが表2である。たとえば，それぞれの条件の中で4トークン中3文以上容認しなかった場合を一貫性のある回答とみなした場合には，1名（#18）のみが分配読みの解釈を容認しなかったことになる。しかしこの学習者は，集団読みでは，余剰物がある条件の文をすべて容認していることから，量化子拡張解釈を行っているわけではないと言える。

表2 少なくとも1文を容認しなかった学習者10人の容認文の数（4トークン中）

参加者 番号	分配読み 余剰物あり	分配読み 余剰物なし	集団読み 余剰物あり	集団読み 余剰物なし
1	4	4	3	4
3	3	4	4	4
8	4	4	3	2
11	4	4	3	4
12	4	3	4	4
15	4	4	2	4
18	1	1	4	4
21	2	4	3	3
24	3	4	4	4
29	4	4	2	2

また，一貫性のある回答という基準をもう少し緩くして4トークン中2文以上と設定した場合は，別の4名もこれに該当する。このうち1名は（#29）集団読みだけを容認せず，別の1名（#8）は集団読みの余剰物なしの解釈を容認していない。残りの2名は，集団読みの余剰物ありの解釈を容認していない学習者（#15）と分配読みの余剰物ありの解釈を容認していな

い学習者（#21）なので，これら2名に関しては量化子拡張解釈の疑いは拭いきれない。

1つの条件で1文のみ容認しないという回答は一貫性のある判断だとは捉えづらいが，そのような学習者5名（残りの5名がこれに相当する）のうち，4名が，余剰物ありの解釈を容認しなかったことは興味深い。すなわち，一貫性のない単発的なミスによる回答は，余剰物ありの条件で見られる傾向があるということである。逆に言えば，絵に描かれた余剰物が学習者のミスを引き起こしている可能性があり，このことは先行研究で報告されてきた量化子拡張解釈にも当てはまるかもしれない。次の実験では，このような真偽値判断法に伴うアーティファクトを排除して，L2学習者の量化子拡張解釈を調査する。

6. 実験2
6.1 参加者
英語を外国語として学習する日本語母語話者25名が実験に参加した。このうちTOEFL-ITPを受験した学習者のスコア平均値は441点（標準偏差 = 27.2）で，実験1の参加者と同じだった。しかしながら，TOEFL-ITPのスコアがない参加者も7名含まれていたため，TOEICのスコアを確認したところ，すべての学習者のスコアが400点以下だった（範囲 = 310〜400）ため，全員を初級学習者と判断して参加者に含めることにした。実験1と異なり，習熟度別のグループ分けは行わず，個人分析を中心とした結果分析を行った。参加者の英語学習経験や海外経験はすべて実験1の参加者と同等だったが，実験1に参加した者はこの実験の参加者には含まれていない。

6.2 材料と手続き
O'Grady et al.（2010）の動作法をモデルにしたイベント作成タスクを行った。参加者は実験文を読んで，それが表す事象を絵に描いて示すことが求められた。絵に使う材料（要素）のイラストは実験文とともに提示され，その中から適切なものを適切な数だけ選び，所定の回答欄に描くように指示された。その際，与えられた材料によって文の内容を表すことができない場合は

「不可」と書くように指示された。また，絵を描くことに抵抗がある参加者を考慮して，図形や矢印などの記号と文字を使って表現しても良いこととした。

実験文は O'Grady et al. (2010) が L1 研究に使用したものと同様の合計 20 問であった。実験者が課題を説明するために用いた練習問題 2 問に続き，まず，6 問の前提条件課題を行った。ここでは，数詞の理解を確かめるために主語を修飾する *one* や *two* が含まれた文，また，与えられた材料を必ずしも使い切る必要はないことを理解させるために，実験文で言及していない動物や物体が材料に含まれるものを使用した。これらの前提条件課題に 1 つでも誤りがある場合，また，やり残しがあった場合，その参加者を分析対象から除いた。

前提条件課題に続いて，3 タイプの課題が提示された。タイプ 1 は，(6) のように主語を修飾する数詞 *three* を使用し，材料には 2 匹のネコと 3 匹の魚を提示するようなものである。

(6) 　タイプ 1：Three cats are eating a fish.
　　　材料：ネコ，ネコ，魚，魚，魚

この場合，動作主の数が不足するため「不可」という回答が正解となる。このタイプの実験文を含めることで，単に与えられた材料を使って絵を描くのではなく，文の内容を理解して，正しく「不可」という回答ができるのかどうかを判断した。タイプ 2 は量化子拡張解釈を調査するためのもので，(7) のような文と材料を提示した。

(7) 　タイプ 2：Every cat is biting a fish.
　　　材料：ネコ，ネコ，ネコ，魚，魚，魚，魚

この場合，3 匹のネコそれぞれに 1 匹の魚を対応させて分配読みの絵を描くか，3 匹のネコをグループとして，これに 1 匹の魚を対応させる集団読みの絵を描くことが正解となる。これに対して，もし学習者が量化子拡張解釈を行うならば，魚に対応するネコの数が足りないので「不可」と回答するはず

110 | 第4章 第二言語習得における量化子拡張解釈の欠如

である。このタイプの文においても，分配読みと集団読みの違いが現れる
が，さらにこれを独立的に調査するために (8) に示すタイプ 3 を含めた。

(8)　タイプ 3：Every fox is eating a fish.
　　　材料：キツネ，キツネ，キツネ，カエル，魚，魚，魚，すいか

　これら 3 タイプを 4 トークンずつ用い，合計 12 問をランダムな順番で提
示した。実験は授業の一環として，履修者全員を対象に行った。実験材料の
最初のページに日本語による説明と練習問題が 2 問示され，実験者の口頭
による説明と指示により進められた。その後，参加者は各自のペースですべ
ての課題に取り組んだ。課題は 1 ページに 3 問示されており，最後のペー
ジには，参加者の英語学習歴を調査するためのアンケートが付されていた。
時間制限は設けなかったが，すべての参加者は 20 分以内ですべてを終了し
た。

6.3　結果と考察

　前提条件課題の結果，3 名が分析対象から除かれた。残り 22 名に関して，
タイプごとの誤り数の合計，誤った回答をした学習者の人数，およびこれら
の比率を表 3 に示す。タイプ 1 に関しては，誤った回答をした 5 名中 2 名
に複数の誤り（それぞれ 2 文ずつ）が見られたが，それ以外のタイプでは 1
人につき 1 文のみの誤りであった。なお，複数のタイプに渡る誤りが 1 名
に見られ，この学習者はタイプ 2 とタイプ 3 に一度ずつ誤った回答をして
いた。

表 3　タイプごとの誤り（各タイプ＝合計 88 試行，学習者数＝22）

	タイプ 1	タイプ 2	タイプ 3
誤り数	7（ 8.0%）	1（1.1%）	2（2.3%）
誤り人数	5（22.7%）	1（4.5%）	2（9.1%）

　タイプ 1 には 2 通りの誤りが見られた。そのうちの 1 つは，不足する動
作主を，学習者が自分で描き足してしまうというものだった。これは，実験

の指示を無視したために起こったもので，1例のみであった。その他の6例はすべて，不足する動作主をそのままの数で描いてしまうものだった。たとえば，実験文には3匹のネコとあるのに，材料にはネコは2匹しかないため，そのまま2匹のネコを描くというような誤りである。これは数詞の理解に関する誤りだと言えるが，実験文で使った *three* が学習者に理解できないとは考えにくいことから，学習者の不注意によるミスだと思われる。

　タイプ2に関する誤りは，わずか1例であり，その回答は「不可」とするものだった。すなわち，余剰物に対して動作主が不足すると考えた可能性が高く，この学習者は量化子拡張解釈を行った可能性がある。しかしこれが，文理解に基づく回答ならば，ある程度の一貫性が見られても良いはずである。ところが，この学習者はタイプ2の4文中一度しか「不可」と回答せず，残りの3文には正しい絵を提示している。よって，不注意による単純なミスという可能性も高い。

　タイプ3については「不可」という回答が2名の学習者に一度ずつ見られた。この場合，複数の余剰物が学習者の判断に何らかの影響を及ぼした結果だと思われる。誤りが見られた学習者の1人は，タイプ2にも「不可」と回答した学習者だった。よって，この学習者が実験文の基本的な構造やそこに使われる語彙が理解できなかった可能性を疑ったが，この学習者のTOEFL-ITP スコアは460点で，実験参加者の中では比較的習熟度が高かったことから，この可能性は低いと思われる。よって，この学習者のタイプ3の誤り，またタイプ2における誤りも，不注意によってタスクの指示に従わなかったために起こったミスだと考えるのが妥当だと思われる。

　タイプ2に関しては，学習者は分配読みの絵を描くのか，または集団読みの絵を描くのか，という選択が与えられていた。この点を探るために使用したタイプ3と合わせて，その結果を表4に示す。ここでは，1つのタイプにつき，4トークン中3トークン以上を一貫性のある回答として，それぞれの解釈に選好を示した学習者の数とその比率を提示している。

112 | 第4章 第二言語習得における量化子拡張解釈の欠如

表4 解釈に関する選好（学習者数＝22）

	分配読み	集団読み	選好なし
タイプ2	14 (63.6%)	2 (9.1%)	6 (27.3%)
タイプ3	18 (81.8%)	4 (18.2%)	0

タイプ3の場合には，いずれかの解釈に対しての選好が明確に現れており，全体として分配読みへの選好が強いことがわかる[9]。これらの選好は，直接，量化子拡張解釈に結びつくものではない。しかし，実験1の結果も合わせて考えると，この要因が統制されていない調査では，特定の解釈を容認しないことと，量化子拡張解釈が混同して捉えられた可能性があると推測できる。

7. 全体を通じての考察

L2学習者を対象とした2つの実験から，英語初級学習者でも量化子拡張解釈の可能性がある反応は非常に少ないことがわかった。伝統的な絵を使った真偽値判断法（実験1）で量化子拡張解釈を調査した実験文の正解率は93%以上であり，この実験方法のアーティファクトを取り除こうとしたイベント作成タスク（実験2）による正解率は98.9%であった。本研究のようにいくつかの主要な要因をコントロールして体系的な調査を行うと，L2習得では誤り自体が非常に少なくなることが示された。また，たとえ誤りが起こったとしても，そこに一貫性はなく，これは習熟度の低い英語学習者にも当てはまっていた。このような結果は，L2の先行研究において量化子拡張解釈と捉えられてきた誤りは，文法発達に起因するものではないことを示していると思われる。本研究における実験に限って言えば，学習者の誤りは，文処理や語用論的能力にかかわるものでさえなく，注意力や集中力の欠如による単純な判断ミスだと考えてよいだろう。

---

9 分配読みに対する選好は，英語母語話者と一致すると考えられる。Fodor (1982) は量化子の線的順序が英語母語話者の解釈に影響を及ぼすと提案しており，Filik, Paterson, & Liversedge (2004) の調査では，本研究で使用したタイプの文に関して，英語母語話者による分配読みへの選好が報告されている。

L2 習得において量化子拡張解釈が起こらないということは，L1 研究にも重要な示唆を与えることになる。L2 学習者に量化子拡張解釈が見られたという DelliCarpini (2003) の報告に関して，Roeper et al. (2004) は，この結果は L1 における文法発達仮説を支持すると述べている。すなわち，認知的に発達した状態にある成人の L2 学習者に量化子拡張解釈が起こるということは，L1 における誤りも認知発達上の問題ではなく，文法発達にかかわるものだという提案である[10]。これに対して，L2 に量化子拡張解釈が起こらないという本研究の提案は，L1 の文法発達仮説自体を却下することにはならないが，その根拠の 1 つを否定することになる。

　また，本研究の結果は，L2 習得でも量化子拡張解釈が起こると提案する先行研究に疑問を呈することになる。そのような先行研究の結果に関しては，実験のアーティファクトである可能性を検討すべきだと考えている。すなわち，伝統的な絵を使用した真偽値判断法では，分配読み，集団読みという解釈の選好と，量化子拡張解釈が取り違えられているという可能性があるということである。本研究でも実験 1 の真偽値判断法では，このようなケースが見られた。ある学習者は，分配読みで余剰物ありの文を容認しなかったが，それは余剰物があるからではなく（言い換えれば，量化子拡張解釈を起こしているからではなく），分配読みという解釈自体を否定しているからだということがわかった。本研究のように，2 つの解釈を体系的に調査すれば，解釈の選好に関する問題と量化子拡張解釈を区別して捉えることができる。しかし，前述の通り，多くの先行研究がこの点においては厳密な実験デザインや分析を怠っていたことは問題である。

　さらに，DelliCarpini (2003) に報告されている L2 学習者特有の反応も，2 つの解釈という点で説明が可能である。この研究では，分配読みの絵を提示したとき，動作主の行動が及ぶ物体が単一でないという理由で，学習者は実験文を容認しないことがあると述べている。これは，学習者が集団読みの解釈に強い選好をもっているため，分配読みの解釈を受け入れなかった結果であり，本研究における前述の学習者と同じ反応である。しかし，このような

---

[10]　ここでの議論は，量化子の解釈に関して L2 にも L1 と同じ文法発達過程が存在するという前提に基づくものである。しかし，そのような証拠が提示されているわけではないので，これは本来，別の問題として扱わなくてはならない。

選好が，中国語，日本語，韓国語の転移ではないかという DelliCarpini の推測は，本研究の結果からは支持されない。もし集団読みへの選好がL1の転移によるものならば，母語を日本語に統制した本研究の初級英語学習者たちは，集団読みの解釈に強い選好を示したはずである。しかし，結果は逆で，実験2では大多数の学習者は分配読みへの選好を示している。2つの解釈の違いは，直接，量化子拡張解釈につながるものではないが，作用域解釈という側面からL2学習者の特徴を探り，この視点から量化子拡張解釈を分析することで，新しい知見が得られるかもしれない。

8. まとめ

最後に，本研究の主張を簡単にまとめておく。L2学習者を対象とした2つの実験結果から，大人のL2習得には量化子拡張解釈は起こらないということを提案する。特定のタスクに観察される少数の誤りは，学習者のミスであり，一貫性をもった文法発達にかかわる誤りだとは考えられない。全称量化子の解釈にかかわる文法発達が，L1とL2で同じ発達の過程をたどると仮定するならば，L2における量化子拡張解釈の欠如は，L1における量化子拡張解釈が文法発達的な要因によるものではないことを表していると考えられる。

参考文献

Berent, G., Kelly, R., & Schueler-Choukairi, T. (2009). Economy in the acquisition of English universal quantifier sentences: The interpretations of deaf and hearing students and second language learners at the college level. *Applied Psycholinguistics, 30,* 251–290.

Crain, S., Thornton, R., Boster, C., Conway, L., Lillo-Martin, D., & Woodams, E. (1996). Quantification without qualification. *Language Acquisition, 5,* 83–153.

DelliCarpini, M. (2003). Developmental stages in the semantic acquisition of quantification by adult L2 learners of English: A pilot study. In J. Liceras, H. Zobl, & H. Goodluck (Eds.), *Proceedings of the 6th generative approaches to second language acquisition conference [GASLA 2002]* (pp. 55–63). Somerville, MA: Cascadilla Press.

Drozd, K. (2001). Children's weak interpretations of universally quantified questions. In M.

Bowerman & S. Levinson (Eds.), *Language acquisition and conceptual development* (pp. 340–376). Cambridge: Cambridge University Press.

Drozd, K. F., & van Loosbroek, E. (1999). Weak quantification, plausible dissent, and the development of children's pragmatic competence. In A. Greenhill, H. Littlefield, & C. Tano (Eds.), *Proceedings of the 23rd annual Boston university conference on language development [BUCLD 23]* (pp. 184–195). Somerville, MA: Cascadilla Press.

Filik, R., Paterson, K., & Liversedge, S. (2004). Processing doubly quantified sentences: Evidence from eye movements. *Psychonomic Bulletin & Review 11,* 953–959.

Fodor, J. D. (1982). The mental representation of quantifiers. In S. Peters & E. Saarinen (Eds.), *Processes, beliefs, and questions* (pp. 129–164). Dordrecht: Reidel.

Geurts, B. (2003). Quantifying kids. *Language Acquisition, 11,* 197–218.

Gouro, T., Norita, H., Nakajima, M., & Ariji, K. (2001). Children's interpretation of universal quantifier and pragmatic interference. In Y. Otsu (Ed.), *The proceedings of the fourth Tokyo conference on psycholinguistics [TCP 2001]* (pp. 61–78). Tokyo: Hitsuzi Syobo.

Inhelder, B., & Piaget, J. (1964). *The early growth of logic in the child.* London: Routledge and Kegan Paul.

Kang, H-K. (2001). Quantifier spreading: Linguistic and pragmatic considerations. *Lingua, 111,* 591–627.

松岡和美. (2004).「生成文法と言語獲得研究」. 中井悟・上田雅信 (編),『生成文法を学ぶ人のために』(pp. 167–199). 京都：世界思想社.

荻原俊幸. (2016).『「もの」の意味,「時間」の意味：記号化に頼らない形式意味論の話』. 東京：くろしお出版.

O'Grady, W., Suzuki, T., & Yoshinaga, N. (2010). Quantifier spreading: New evidence from Japanese. *Language Learning and Development 6,* 116–125.

Philip, W. (1995). *Event quantification in the acquisition of universal quantification.* University of Massachusetts at Amherst dissertation.

Philip, W. (2004). *Two theories of exhaustive pairing.* Unpublished Manuscript, UiL-OTS, Utrecht University, Utrecht.

Roeper, T., & Matthei, E. (1974). On the acquisition of "some" and "all.," *Papers and reports on the study of child language development 9,* 63–74.

Roeper, T., Strauss, U., & Pearson, B. (2004). *The acquisition path of quantifiers: Two kinds of spreading.* Unpublished Manuscript, University of Massachusetts at Amherst.

Sekerina, I., & Sauermann, A. (2015). Visual attention and quantifier-spreading in heritage Russian bilinguals. *Second Language Research, 31,* 75–104.

Sugisaki, K., & Isobe, M. (2001). Quantification without qualification without plausible dissent. In J-Y. Kim & A. Werle (Eds.), *The Proceedings of the semantics of under-represented languages in the Americas [SULA 1]* (pp. 97–100). Amherst, MA: GLSA

Publications.

鈴木孝明. (2011). 「文法習得における第一言語習得研究と第二言語習得研究の接点」. 『日本語学』*30*(7), 28–39.

鈴木孝明・白畑知彦. (2012). 『ことばの習得：母語獲得と第二言語習得』. 東京：くろしお出版.

Yoshinaga, N., & Suzuki, T. (2007). The interpretation of *every* in adult second language: On quantifier spreading. Paper presented at the 17th European second language association conference. The Civic Centre, Newcastle, UK.

第5章

日本人英語学習者による
シュワー /ə/ の発音習得

—暗示的な発音指導の効果—

杉浦香織

1. はじめに

　英語のシュワーをご存知だろうか。シュワーとは，単語の弱い音節[1]に生じ，低く，弱く，短く発音される音のことを言う。また，その音質（音色）は隣接する音に影響されるため，はっきりと決まっていない。それゆえ，「曖昧母音」とも言われる。内容語[2]であれば，例えば，abroad /əbrɔːd/，control /kəntroʊl/，medium /miːdiəm/ の /ə/ の部分がシュワーである[3]。

　なぜ，本稿では，弱々しく曖昧な音で，一見，それほど重要そうに見えないシュワーに注目するのか。その理由の1つは，シュワーは英語母語話者の発話において，出現頻度がとても高い母音だからである（Cruttenden, 2014）。さらにシュワーは，英語の**明瞭性（intelligibility）**，つまり，発音の理解しやすさに影響を与えるリズムの産出に，重要な役割を果たしている

1　音節とは母音（V）に子音（C）が組み合わされて構成される音の単位である。最も基本的な音節構造はCV（例：go /goʊ/）である。その他，Cを伴わないV（例：oh /oʊ/）だけのものや，CVC（例：cat /kæt/）がある。

2　本研究では扱わないが，シュワーは冠詞などの機能語（例：the /ðə/, a /ə/）にも生じる。それは，発話速度が速い場合やカジュアルな発話の場合が多い。

3　弱音節に生じる弱母音は主にシュワー /ə/ であるが，そのほかに，/i/, /ɪ/, /u/, /e/ も生じる（Wells, 2008）。本稿では，「シュワー」と「弱母音」の用語の混乱を避けるため，「弱母音」のことを，原則，「シュワー」という表現で統一する。

[117]

（Derwing & Rossiter, 2003; Munro & Derwing, 1995)[4]。今や英語は，国際共通語として様々な母語を持った人々に使用されている。そのため，母語の影響を受けた多種多様な英語が受け入れられている。しかし，そのような状況でも，発音の相違によるコミュニケーションの阻害を避けるため，「通じやすい英語」を使用することは重要である（Celce-Murcia, Brinton, Goodwin, & Griner, 2010)。したがって，英語らしいリズムを生み出す要となるシュワーは，学習者が習得すべき重要な音なのである。

　ただ，残念ながら，日本語と英語では音声・音韻の仕組みが異なり，日本語にはシュワーという音がない。そのため，本研究の対象である日本人英語学習者にとって，シュワーの習得は容易ではない（Akita, 2001; Lee, Guion, & Harada, 2006; Sugiura, 2006; Tomita, Yamada, & Takatsuka, 2010)。にもかかわらず，日本人英語学習者のシュワーの習得に関する研究は，これまでさほど行われてきていない。また，先行研究では，調査時点での学習者のシュワーの習得状態に焦点を当てており，発音練習の効果，特に無意識的な練習（暗示的指導）という観点から，シュワーの習得を検証している研究はほとんどない。シュワーの発音は，スムーズな音声コミュニケーション上重要である。したがって，学習者によるシュワーの発音練習の効果を検証し，シュワーの指導・学習に有用な知見を提供することは意義があると考える。

　本稿で紹介する研究では，シュワーの発音練習として，日本人大学生にシュワーが含まれる単語を音声提示し，即時に反復してもらった（以下，音声反復）。一度の練習で，各単語につき，5回または10回の音声反復をしてもらった。その際，明示的な発音指導は一切していない。音声反復をしてもらった理由は，「音声インプット」が，発音や音声知覚の基になる**音韻表象**（**phonological representation**）を発達させる重要な役割を担っているからである。音韻表象とは，音声の知覚によって形成される頭の中にある音声・音韻知識の集まり（データベース）のことである。このデータベースには，例

4　発音の通じやすさを左右する音声要因については，ストレス，リズム，イントネーションのような**プロソディー**（**prosody**）（e.g., Derwing & Rossiter, 2003; Munro & Derwing, 1995）か，または，母音や子音のような個々の音である**分節音**（**segmentals**）（e.g., Kashiwagi, Snyder, & Craig, 2006; Kashiwagi & Snyder, 2014）かは，研究者により意見が異なる。しかし，本稿ではこの点については議論しない。

えば，母音・子音の音素情報やストレス・リズム・イントネーションなどの
プロソディー情報などが含まれる（門田, 2007）。

　本研究で明示的な指導・学習ではなく，音声反復による暗示的指導・学習
を採用した理由は，暗示的指導・学習により形成される知識は，スムーズな
言語理解や産出をしやすい状態にあり，かつ，長期間にわたって保持されや
すいと考えられているためである（Ellis, 2005; 太田, 2008）。したがって，暗
示的指導は，音声・音韻の発達に有用であると思われる。また，最近の研究
では，敏感期（およそ思春期）を過ぎた学習者が音声反復による練習を行っ
た結果，発音が上達したという報告もあり（e.g., Hori, 2008; Trofimovich,
McDonough, & Foote, 2014），音声インプットの反復による第二言語（L2）音
声習得への関心が高まっている。しかしながら，これまで，音声反復による
暗示的な発音練習の効果を調査した研究は多くない（Bradlow, Pisoni,
Akahane-Yamada, & Tohkura, 1997）。これらの理由により，本研究の発音練
習として，音声インプットの反復を用いることにした。

　さて，本研究の目的は，音声反復による発音指導・学習（「入口」）の結果，
学習者がシュワーの発音を習得できるのかどうか（「出口」）について検証す
るにとどまらない。「入口」と「出口」をつなぐ，いわば「ブラックボック
ス」，言い換えると，音声インプットを受けた後，頭の中で何が起きている
のかという習得の過程（プロセス）も明らかにしたい。つまり，音声反復に
より学習者が受けるインプット量やインプットの言語的特徴，また，母語
（L1）の知識や母語での音韻処理方法が，シュワーの習得にどのように影響
するのかについても検証する。これまでのL2音声習得研究は，「入口」と
「出口」のみに焦点を当てたものが多かった（e.g., Akita, 2005; Pawlak,
2013）。だが，「入口」と「出口」をつなぐ「ブラックボックス」を探るこ
とで，学習者の頭の中のメカニズムを明らかにすると同時に，より効果的な
発音指導・学習への示唆も提供できると考える。

2. 先行研究
2.1 英語と日本語の音声・音韻体系
2.1.1 英語と日本語の音声・音韻体系の相違

　シュワーの習得には，学習者の母語の特性が影響していると考えられる。そこで本節では，英語と日本語の音声・音韻面での違いを中心に概観する。

　まず，英語についてであるが，英語は**強勢拍リズム**（**stress-timed rhythm**）を有する言語である[5]。このリズムは，**強母音**（**strong vowel**）が含まれる**強音節**（**strong syllable**）（●）が，ほぼ等時間隔で発音されることにより生じる（図1）。

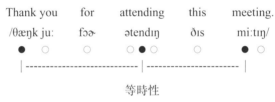

図1　英語の強勢拍リズム

　強音節の間は**弱音節**（**weak syllable**）（○）となり，**弱母音**（**weak vowel**）が生じる。この弱音節に生じる典型的な母音が，シュワー /ə/ である（Bolinger, 1965）（図2を参照。図2の見方については2.1.2を参照）。

　語レベルのリズムである**語強勢**（**word stress**）でも，強音節と弱音節が交互に生じ（例：banana /bənǽnə/），これを**強勢アクセント**（**stress accent**）と呼ぶ。図1の attending のように，強音節では強母音が，弱音節ではシュワーが生じ，各母音は音節において重要な働きをしている。では，強母音とシュワーはそれぞれどのような音声的性質を持っているのだろうか。母音の性質は，**音の高さ**（**fundamental frequency**）[6]，**強さ**（**intensity**），**長さ**（**duration**），

---

[5] ドイツ語やオランダ語なども同様に強勢拍リズムを持つ。例外（フランス語など）もあるが，強勢拍リズムを持つ言語にシュワーが存在する傾向にある。

[6] **fundamental frequency**（基本周波数）の同義語として **pitch**（ピッチ）を用いる場合もある。ただし，両者は厳密には異なる。前者は客観的な音響上の特性を，後者は主観的で聴覚上の特性を指す（日本英語音声学会, 2005, p. 70）。

母音の音質（音色）(vowel quality)[7]の4つの要素によって決定づけられる。強母音は，高く，強く，長く，明瞭な音質で発音（知覚）される。一方で，シュワーは，低く，弱く，短く，曖昧な音質で発音される。強母音とは性質が対照的なシュワーの存在が，強音節と弱音節のコントラストを産み，それが英語の強勢拍リズムや強勢アクセントを生成するのである。

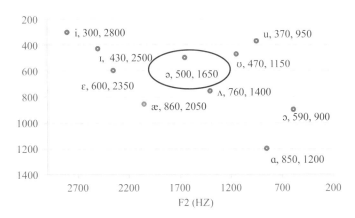

図2　アメリカ英語の母音（女性）

(Peterson & Barney, 1952 を参照)

一方，日本語はモーラリズム (mora-timed rhythm) を持つ言語である。各モーラ[8](●)がほぼ同じ長さで発音されることで，リズムが生み出される（図3）。

---

[7] 音の「高さ」とは，楽器のピアノの音に例えると，鍵盤の右のほうで出るのは高い音，それより左のほうで出る音は低い音となる。「強さ」とは，例えば，ピアノの鍵盤を強く叩いた時には強い音，弱く叩いた時には弱い音が出る。「音質」とは，「高さ」，「大きさ」，「長さ」が同じ2音を違う音と認識した場合，その2音は音質が異なるという。例えば，ピアノとトランペットで出した「ド」の音質は異なる。「長さ」とは，音の持続時間であり，長短で表される。各用語の物理的な仕組みについては日本英語音声学会 (2005) などを参照されたい。

[8] 1モーラは原則，母音 (V) または CV (母音＋子音) で構成されるが，撥音「ん」，促音「っ」，長音「ー」（例：「おばあさん」の「あ」の部分）と呼ばれる特殊拍も1モーラとして数える。Honda /honda/ は音節では，2音節 /hon・da/ だが，モーラでは /ho・N・da/ の3モーラとなる。モーラについての詳細は Otaka (2009) や Warner & Arai (2001) を参照されたい。

図3　日本語のモーラリズム

　日本語の語強勢は，**ピッチアクセント**（**pitch accent**）であり，音の高いモーラと低いモーラで形成される（例：「雨」ame /áme/）。つまり，アクセントのあるモーラとないモーラの違いを生み出すためには，音の「高さ」の要素のみが使用される（杉藤，1990）。言い換えれば，日本語のピッチアクセントの生成に，強さ，長さ，母音の音質の情報は関与しておらず（Beckman, 1986），シュワーのような弱母音も必要ではない。そのため，日本語の母音体系にシュワーの音は存在しない（図4）。

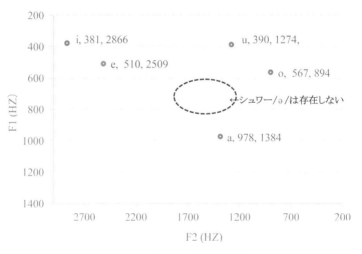

図4　日本語の母音（女性）

（今石，1997を参照）

2. 先行研究 | 123

　以上より，英語の言語リズムや語強勢のようなプロソディーの形成におい
て，シュワーは重要な役割を果たしていることがわかる（Grabe & Low, 2000
参照）。一方で，日本語のプロソディー生成には，英語にあるシュワーのよ
うな弱化した母音を必要としない。このようなプロソディー面での相違が，
日本人英語学習者によるシュワーの習得の難しさに，影響を与えているかも
しれない（里井・籔内・吉村, 2003 参照）。

2.1.2　英語シュワーの音声的特徴

　本節では，英語シュワーがどのような音声的特徴を持っているのか，本研
究で分析対象とするシュワーの「長さ」と「音質（音色）」の観点から概観
する。長さと音質の 2 つの要素に焦点を当てる理由は，母音の性質を決定
づける 4 要素である高さ，強さ，長さ，音質のうち，これら 2 つの要素が，
英語の通じやすさに影響を与える英語のリズム生成に特に関係しているから
である（Beckman, 1986; Grabe & Low, 2002）。

　さて，シュワーの長さについては，通常，単語内にある強母音の長さに対
するシュワーの長さの割合（以下，長さの割合）で算出される[9]。なお，シュ
ワーの音声的特徴は，単語内で生じる位置によって異なることが明らかにさ
れている。アメリカ人男性が発音するシュワーの特徴を調査した Wallace
(1994) によれば，語頭シュワー[10]（例：aborad /əbrɔːd/）の場合，長さの割合
は約 0.47 である。一方，語末シュワー[11]（例：sofa /səʊfə/）では，約 0.63 と
報告されている。つまり，語末シュワーの方が，語頭シュワーと比べて，強
母音の長さに近い傾向にあると言えよう。

　母音の音質についても，まず，その測定方法を説明する。音質は，周波数
の低い順に第 1 フォルマント周波数（**first formant frequencies: F1**），第 2
フォルマント周波数（**second formant frequencies: F2**）と第 3 フォルマント
周波数（**third formant frequencies: F3**）[12] で特徴づけられる（図 5）。ただし，

9　母音の長さは，発話速度や隣接する子音などの影響を多少受けるため，絶対長ではな
く割合で説明することが多い。
10　本稿では，単語の語頭の音節に生じるシュワーを「語頭シュワー」とする。
11　単語の語末の音節に生じるシュワーを「語末シュワー」とする。
12　音声は複雑な「波」であり，これは単純な「波」の集合体である。単純な波（正弦波）

通常，音質はF1とF2の相対的な位置関係で決定されることが多く（図2，図4）（日本音声学会，2005, p. 93）．F1とF2がわかれば，どの音を作り出しているのかがわかる。

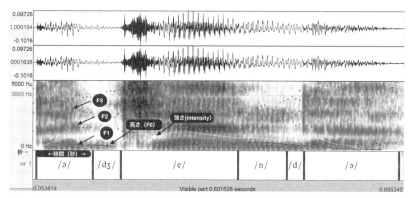

図5　単語 agenda /ədʒendə/ の音響分析
（Praat[13] にてスペクトログラム（Spectrogram）を作成）

先に示した図2と図4は，英語と日本語の母音の音質をF1とF2により表している。縦軸にF1を，横軸にF2をとる。面白いことに，縦軸と横軸で囲まれた空間は「口腔内」に対応する。図の左側に唇が位置すると想像してほしい。縦軸は舌の上下の動き（顎の開き）を，横軸は舌の前後の動きを示す。

シュワーは**中央中舌母音（mid-central vowel）**であるため，口腔内の中央あたりで発音される。そのため，F1とF2は，それぞれ500 Hz, 1650 Hz（アメリカ人女性の場合）ぐらいになる（Peterson & Barney, 1952）（図2）が，日本語の母語体系（図4）には，その値に対応する音は無い。

が一度にどれぐらいの速さで繰り返されるか，つまり音の振動回数を「周波数」と呼ぶ。1秒間に波が100回繰り返されると100 Hzである。全ての音は，異なる種類の周波数が，異なる割合で入っており，特徴づけられている。母音は，口の中で共鳴し，とても強く現れる正弦波がいくつかある。それらを，フォルマントと呼ぶ。図5では濃く表されている部分であり，下から第1フォルマント周波数，第2フォルマント周波数，となる（川原，2015）。
13　フリーの音声分析ソフトである。世界の多くの研究者によって使用されている。

近年の先行研究によれば，語頭シュワーと語末シュワーの音質は異なり，語頭シュワー（例：suggest /sədʒest/）の F1 は 415 Hz で，F2 が 2042 Hz，一方，語末シュワー（例：sofa /səʊfə/）の F1 は 665 Hz で，F2 が 1772 Hz（アメリカ人女性）（Flemming & Johnson, 2007）という報告もある。つまり，語頭シュワーは従来言われてきた口腔内の中心部より，比較的高い位置で発音されていることがわかる。

2.2　日本人英語学習者によるシュワーの習得の先行研究

英語と日本語の音声・音韻体系が異なる中，日本人英語学習者はどのように英語のシュワーを発音するのだろうか。本節では，日本人英語学習者によるシュワーの習得に関する先行研究について，シュワーの「長さの割合」と「音質」に関係する部分を中心に紹介する。

Lee et al. (2006) は，バイリンガル（日本語―英語，韓国語―英語）が，弱母音[14]（シュワーを含む）の発音を，英語母語話者の発音並みに習得できているか検証した。実験参加者[15] は 19 の英単語（例：agenda /ədʒendə/, medium /mi:diəm/）をキャリア文（**carrier sentence**）(“I said _____ this time.”)[16] に入れて，一度音読するように指示された。

実験の結果，日本語母語話者は，長さの割合では英語母語話者のレベルに到達した。一方，音質では，日本母語話者も韓国語母語話者も英語母語話者と同等レベルの発音を習得できていなかった。Lee et al. (2006) はこの結果の解釈として，L2 学習者は母語での音声知覚や発音に使用していない音声的特徴を L2 の知覚や発音に利用することができないという**音声特徴仮説**（**phonetic feature hypothesis**）（McAllister, Flege, & Piske, 2002）で説明して

14　Lee et al. の研究では，シュワーを中心に，そのほかの弱母音を分析しているため，調査した母音を「弱母音」と表記している。したがって，本稿でも弱母音と表記する。

15　英語母語話者 20 名と日本語と韓国語の母語話者が各 20 名参加した。各 20 名は，大量の英語インプットを受け始めた年齢により 2 グループ（各 10 名）に分けられた：早期バイリンガル（平均 4 歳）と後期バイリンガル（平均 20 歳）。全てのバイリンガルは高度の英語力を持っていた。グループ間で英語力の差はなかった。

16　キャリア文とは，実験で用いる単語を埋め込んで発音してもらう文を指す。ここでの主な目的は，単語の発音に影響を与える周囲の音声環境（リズムなど）を統制すること，また，より自然な発話を誘導することである。

126 | 第5章 日本人学習者によるシュワー /ə/ の発音習得

いる[17]。

　しかし，同じ言語内で，早期・後期バイリンガルを比較すると，早期バイリンガルの方が英語母語話者に近い音質でシュワーを発音できた。この結果は，早期バイリンガルは，脳に十分な新情報を受け入れる柔軟性のある頃からL2インプットを受けたため，母語で用いないL2の音声的・音響的シグナルにも注意を向けることができたからではないかとLee et al. は推察している。

　Sugiura（2006）は，Lee et al.（2006）の研究をもとに，日本人英語学習者14名によるシュワーの発音を，長さの割合と音質の面に焦点を当てて調査した。Sugiuraの研究とLee et al. の研究の相違点の1つは，調査対象者が英語圏に長年滞在している高度なバイリンガルではなく，日本に住む英語学習者であったことである。なお，参加者は，英語力が中級レベル（CEFR[18] B2，B1）で英語圏への滞在経験が平均0.14年の群と（以下，中級群），英語力が上級レベル（C1）で滞在経験が平均4.8年の群（以下，上位群）の2群に分けられた。2つ目の相違点は，実験材料に関して，Leeらが行わなかった単語内でのシュワーの位置をSugiuraでは統制した（例：「語頭シュワー」asleep /əsliːp/ ；「語末シュワー」sofa /soʊfə/）ことである。

　実験では，参加者になじみ度の高いと考えられる19英単語（例：potato /pətaɪtoʊ/, kangaroo /kæŋgəruː/）をキャリア文（"I said _____ this time."）に入れて，自然な速度で音読してもらった。その結果，Lee et al.（2006）と同様に，シュワーの音質の方が，長さの割合より習得が難しいことがわかった。

17　英語母語話者は「音質」の情報を音声知覚や発音に利用しているが，日本語母語話者の場合，「長さ」の音声的特徴を母語で用いている。例えば，英語のbit /bɪt/ とbeat /biːt/ は弛緩母音（lax vowel）/ɪ/ と緊張母音（tense vowel）/i/ の音質の違いで区別されている。一方，日本語では，音の長短の対立が弁別的である。例えば，「鬼さん」/onisan/ と「お兄さん」/oniisan/ は，短母音 /i/（1モーラ）と長母音 /ii/（2モーラ）の長さの違いだけで区別される。したがって，音声特徴仮説に基づけば，日本人英語学習者は，英語インプット中の長さの音声情報には敏感であるが，音質の情報には疎い可能性がある。なお，韓国人母語話者は，長さと音質の音声的特徴を，母語での音韻処理に利用していない（詳細はLee et al., 2006 を参照）。

18　CEFR (Common European Framework of Reference for Languages) はヨーロッパ言語共通参照枠のことで，外国語の熟達度を示す。C1はTOEIC 945点程度，B2は785点，B1は550点ぐらいに換算される。

また，興味深い結果として，語頭シュワーの長さの割合の面で，中級群の発音に母語である日本語の干渉が見られた。具体的には，英語母語話者の場合，強母音に対するシュワーの長さの割合は，およそ半分であるが（割合 = 0.48），中級群の場合は 0.67 であり，英語母語話者と比べてその値が有意に大きかった。すなわち，日本語を母語とする英語学習者は，語強勢を作る強・弱の母音の長さの違いを母語のモーラリズムの影響から，英語母語話者ほど生み出すことができないのである。しかし，英語圏での滞在が長く，英語力も高い上級群にはこの傾向が見られず，英語母語話者の長さの割合に近かった。つまり，長さの割合の面では，学習可能であることが示唆された。

音質については，両群とも英語母語話者の発音とは異なっていた。全体の傾向として，F1 は英語母語話者より高く，F2 は低くなる傾向にあった。これらの値は，Lee et al. (2006) の結果と同様で，学習者のシュワーの発音がスペリングの影響を受けていることを示している。例えば，〈u〉のスペリングにある弱母音を /u/ で発音するという傾向が見られた。このような日本人英語学習者によるシュワーの発音（音質）の特徴は，英語力が中級レベル[19]の日本人英語学習者 4 名を対象とした Tomita et al. の研究 (2010)[20] でも報告されている。

Akita (2001) は，英国滞在を開始して間もない 3 名の日本人英語学習者 (A, B, C)[21] を対象に，シュワーの発達過程を 1 年間縦断的に調査した。実験材料は 4 つの名詞（例：parapet /pærəpət/, calibre /kæləbər/[22], cantaloup

---

19　参加者 4 名は日本の大学に通う大学生で，TOEIC のスコアは 645, 755, 495, 750 点であった。

20　実験材料にはシュワーを含む 2 音節の単語が選定された（例：spoonful, chicken, Tarzan）。参加者は 1 語ずつ書かれた単語をそれぞれ 10 回ずつ発音した。

21　参加者 A, B, C（21 歳から 30 歳）は，調査開始時期に英語運用能力評価試験の IELTS (International English Language Testing System) でバンドスコア 7.0 (Min.-Max.: 1.0-9.0) を目指して英国の英語集中プログラム（High-intermediate レベル）にて学んでいた。渡航前の英語学習歴については，どの参加者も日本で文法訳読中心の学習（6 年間から 9 年間）をしていた。A は留学以前に英語圏滞在経験がなく，大学の交換留学で英国滞在していた。B は 13 歳時に 1 年間の米国滞在経験があり，大学卒業後，交流プログラムで滞在していた。C は 14 歳時から 2 年間の米国滞在経験があり，英国の大学院で学んでいた。

22　Caliber のスペリング〈i〉の部分の発音を /ə/ と表記する辞書（例：Longman Dictionary of Contemporary English Online）と /ɪ/ とする辞書（例：Macmillan Dictionary Free English Dictionary

/kӕntəloʊp/, matado /ӕtədɔː/)[23] で，参加者は毎月のデータ収集時に，当該名詞を埋め込んだ文を音読するように指示された。学習者のシュワーの F1 とF2 の平均値の変化を見ると，調査開始から 5 ヶ月ぐらいまで，その値はスペリングの影響から，日本語の /a/ の音に近く，英語母語話者と比較して，F1 は高めで，F2 は低めであった。しかし，調査後半になり，参加者 A, Bの発音は英語母語話者の値に近づき，発音向上が見られた。特に参加者 Aは，調査から 8 ヶ月後には，英語母語話者並みの発音の習得に成功したと報告されている。本結果は，敏感期を過ぎた学習者でも，自然な英語インプットを大量に受けることにより，シュワーの音質の面で英語母語話者に近づくことができる可能性を示唆している。

　言語間での**調音結合**（**coarticulation**）の違いに焦点を当て，シュワーの習得について検証している Kondo（1995）[24] の研究についても触れておきたい。調音結合とは，近接する音が互いに影響を与える現象を指す。英語母語話者のシュワーは，短く弱い音のため，その音質は調音結合による影響を受けやすい。例えば，"Please di**p a p**in in the solution." という文の場合，スペリング〈a〉で表されているシュワー /ə/ の音質は，前後の子音 /p/ に影響された音になる。特にこの現象は F2 値において顕著であることがわかっている。しかし，非流暢な日本人英語学習者は，このような調音結合に慣れていないため，隣接する音の種類に影響されないシュワーを産出する傾向が観察された。

　以上，日本人英語学習者によるシュワーの習得に関する主な先行研究を概観してきた。これらの先行研究をまとめると，次のような有用な示唆を得ることができる。まず，シュワーの音声的特徴では，長さの割合が習得しやすい。ただし，中級英語学習者の場合，長さの割合は，語頭シュワーの方が，語末シュワーよりも習得しにくい。また，音質の面では，上級英語学習者でも英語母語話者並みになることは難しい。さらに，英語圏で大量の言語イン

---

and Thesaurus Online）がある。また，calibre のスペリングはイギリス英語であり，アメリカ英語では caliber となる。

23　Akita では，シュワーの音質とアクセントが下降になり始めるところ（タイミング）との関係を調べるため，HLL（高低低）のピッチ・パターンを持つ単語を選定した。

24　流暢性の異なる日本語母語話者（流暢な話者，非流暢な話者の 2 グループ各 3 名）と英語母語話者 3 名の発音したシュワーの F1, F2 を調査した。

プットを受けることで，英語力が中級レベルの成人学習者でも，シュワーの発音を向上させることができる可能性がある。

　しかしながら，研究の限界点も見られる。1つ目に，調査方法として，発音練習の効果について検証したものがないように思われる。2つ目に，どのような言語環境（例：単語内でのシュワーの位置など）に生じるシュワーを，日本人英語学習者は習得しにくいのか（Sugiura, 2006 を除く）について，十分に検討されていない。3つ目に，先行研究のいくつかは，研究対象者が少人数であるため，結果の一般化には慎重になる必要がある。さらに，実験材料についても，データをとるための単語数が3, 4語と少ないものもある。シュワーの音声的特徴は，単語内で生じる位置によって大きく異なるため，より正確なデータ収集のためにも，調査用の単語数を十分に用意し，関係する要因を統制することは大事である。本研究では，上記で指摘した点を考慮して研究を行う。

2.3　音声習得の理論的枠組み

　前節では，日本人英語学習者によるシュワーの習得に関する先行研究について説明をした。シュワーの発音は，L2 学習者にとって重要であるが，練習効果について検討している研究はほとんどない。そこで本研究では，日本人英語学習者が，音声提示された単語の即時復唱[25]を繰り返すことで，シュワーの発音を改善することができるか検証する。では，この発音練習には，どのような習得の仕組みが働くと仮定するのか。

　本研究で行う発音練習には，**プライミング効果（priming effect）**[26] が働いていると仮定される。プライミング効果とは，覚えようとしない状態で，あ

25　音声が提示されてから，間髪をいれず即時に復唱することと，少し時間を空けてから復唱することの違いについて説明する。門田（2007）によると，前者の場合，提示されるL2 の音を瞬時に捉える必要があるため，長期記憶にある母語の音韻知識まではアクセスしない。よって，提示された発音により近い音で，学習者は復唱する可能性が高い。一方，後者の場合は，時間的余裕があるため，母語の音韻知識にアクセスする。つまり，学習者は，母語の影響を受けた発音をする傾向にある。それゆえ発音習得のためには，即時復唱が重要であると考えられる。

26　プライミング効果はもともと母語の習得研究で検討されてきたが，最近は，L2 習得の分野でも注目を集めている。

130 | 第5章 日本人学習者によるシュワー /ə/ の発音習得

る言語形式に接触した経験が，後の言語処理に影響を及ぼす，という現象である。この現象が特に音声形式の面で生じる場合，**聴覚性プライミング**（**auditory priming**）（McDonoguh & Trofimovich, 2009; Trofimovich, 2005, 2008; Trofimovich & Gatbonton, 2006; Trofimovich & McDonoguh, 2011）という。具体的に説明すると，聞き手（例：英語学習者）は，相手（例：英語母語話者）によって発音された単語を聞くまたは反復することで，そのインプット中にどのような音声・音韻情報（声のピッチ情報，強さ，長さ，音質など）が含まれているかを無意識に把握し，音韻表象を形成すると考えられる。この繰り返しにより，聞き手の音韻表象が，相手の表象に近づく形で変容し，内在化される。そして，後に同じ語を反復する際，その内在化された音で産出される（発音習得）。このように，聴覚性プライミング効果を積み重ねることで，知覚や発音の基盤となる音声・音韻知識のデータベースが変化する。これが，音声インプットの反復による発音習得のメカニズムである。

　L2 聴覚性プライミング効果を教室環境での英語学習にて実証した研究がある。Trofimovich et al.（2014）によると，学習者がある語強勢型の言語刺激を受けた場合，後に同じ強勢型をもつ単語の知覚・産出を促進する傾向にある。具体的には，ペア学習で先に話した学習者が，例えば，4 音節の単語の 2 音節目に正しく強勢を付与した場合に（4-2 強勢型，例：sigNIficant），それを聞いていた学習者も，無意識に同じ 4-2 強勢型を持つ別の単語で，正しく強勢を付与する傾向が見られた（例：caPAcity）。この現象は，先に話した相手が，4-2 強勢型とは異なる語強勢型の単語を産出していた時より，4-2 強勢型を産出していた場合において，統計的に有意に高い頻度で生じていた。

　ところで，音声反復のように学習者が発音方法などの説明を受けることなく，提示された音声を即時復唱するという，いわば暗示的な指導・学習は，特に敏感期（思春期）を過ぎた学習者にとってあまり効果的でないという見解もあるだろう[27]。しかし，音声反復により，敏感期を過ぎた学習者が発音を改善できたという報告も少なからずある（Hori, 2008; Trofimovich et al.,

---

27　敏感期を過ぎた学習者の場合，脳の可塑性（新情報を受け入れる柔軟性）が失われつつある一方，認知能力が発達している。よって，明示的指導・学習（言語の規則を覚える，分析するなど）の方がより効果的ではないかという考えを指す。

2014)。さらに，見過ごしてはならない点は，音声インプットの反復によっ
て形成された知識は，自動的に使用できる言語能力として有用であり，ま
た，そのような知識は長い間保持されやすいということである。L1 研究の
結果ではあるが，効果は数分後（Church & Schacter, 1994; Schacter & Church,
1992），数日後，数週間後も持続する（Goldinger, 1996）という報告もある。
このような理由から，発音練習として音声インプットの反復を用いる意義が
あると考える。

2.4 音声インプットの反復による学習効果に影響を与える要因

前節では，音声インプットの即時復唱の繰り返しにより，発音の基礎とな
る音韻表象が形成される仕組みについて述べた。学習者による発音の習得
は，インプットの内在化（音韻表象の形成）によって促進されるが，この内
在化の程度には (a) インプット量（Ellis, 2002; Gass, 1997; Robinson, 2003;
Schmidt, 1990, 2001）や (b) インプットの言語的特性（Long, 1983; Snow, 1998）
が関係すると言われている。本節では，「反復」により，これら (a)，(b) の
要因が，ターゲットとなる言語項目の習得に，具体的にどのような影響を与
えるのかについて先行研究を概観する。

(a) インプット量（学習回数）

第二言語習得において，言語項目のインプット量（学習回数）を増やすこ
とにより，学習者は言語項目に関する情報を記憶に内在化させ，習得につな
げることができる（Ellis, 2002）。しかし，当該言語項目のインプットを必要
以上に受けても，学習者は受けた情報の全てを頭の中に取り込み，内在化さ
せることができるとは言えないようだ。

先行研究によると，音声反復をすることで発音に改善が見られるが，一定
回数以上反復しても，効果は変わらないことが明らかにされている[28]。Hori
(2008) は，聞いた語を即時に繰り返すシャドーイングによる学習方法で，
日本人英語学習者に，音声提示された英文テキストを連続して 15 回反復し

28　発音以外での学習効果ではあるが，英単語の反復学習効果は 1 日 5 回以上繰り返して
も効果は変わらないとの報告もある（寺澤・吉田・太田, 2008）。

132 | 第 5 章　日本人学習者によるシュワー /ə/ の発音習得

てもらった。その結果，5，6 回目に，発音（ピッチ幅）[29] で学習効果が最大化することを明らかにしている[30]。また，同様に Miyake（2009）でも，日本人英語学習者が英文テキストのシャドーイングを 10 回繰り返した結果，5，6 回目までの反復において発音（ピッチ幅）の大きな改善が見られている[31]。

　本研究で行う発音練習では，これらの先行研究を参考に，学習者が一度の学習で音声反復する回数を 5 回と 10 回に設定し，そこに相違が生じるのか検証したい。

（b）　インプットの言語的特性

　古くからある学習理論では，学習者にとってなじみ度の高い言語項目と比べて，なじみ度の低い言語項目の方が，反復による習得の度合いは大きいとされている（Rescorla & Wagner, 1972）。この現象は，これまで L1 統語的プライミング研究の分野で頻繁に観察されており，**"inverse frequency effect"**（**逆頻度効果：出現頻度の低い言語構造において，より大きなプライミング効果が得られること**）と呼ばれている（e.g., Hartsuiker & Westenberg, 2000; Luka & Barsalou, 2005; Luka & Choi, 2012; Reitter, Keller, & Moore, 2011; Scheepers, 2003）。

　また最近では，L2 学習者にも同様の現象が生じることが明らかにされ始めている。Kaan & Chun（2017）は，韓国人英語学習者を対象に，与格交替（dative alternation）に関して筆記による統語産出プライミング実験を行った。その結果，韓国人英語学習者にとってなじみ度の高い与格構文（prepositional phrase construction）と比べて，なじみ度の低い二重目的語構文（double object construction）で，より大きなプライミング効果が得られたと報告している。

29　ピッチ幅とは，音調群（英語の「節」のようなもの）内でのピッチの高低差を指す。日本人英語学習者のピッチ幅は，英語母語話者のものと比べて小さい傾向にあり，発音の高低の変化が乏しい。Hori の実験参加者は，そのピッチ幅がシャドーイングにより改善された。

30　26 名の工業高等専門学校生を対象に行い，本結果は参加者のピッチ幅の平均値に基づいている。

31　日本人大学生 48 名を対象に，フレーズのシャドーイング（間髪をいれず即時に復唱）とリピーティング（少し時間を空けてから復唱）の結果を比較し，シャドーイングの方が，ピッチ幅の改善に寄与することを明らかにした。理由については脚注 25 を参照されたい。

この逆頻度効果が生じる理由は，実験参加者が，なじみ度の高い（出現頻度が高い）構造ではなく，なじみ度の低い（出現頻度の低い）言語構造が含まれるインプットに触れるという，いわば「期待はずれ」の経験をすることに起因する。参加者は，期待していなかった構造に接触した場合に，頭の中で行う当該構造に関する知識の更新や，処理方略の調整を行う度合いが大きくなる（Kaan & Chun, 2017）。つまり，参加者にとってなじみ度の低い言語構造に関する情報は，頭の中に取り込まれる程度が大きく，より大きな学習効果が得られると考えられている。

本研究では，インプットの言語的特性として，学習者に音声提示される単語の語強勢型（弱強型・強弱型）と単語親密度の要因を統制する。語強勢は，弱強型の方が強弱型より一般に出現頻度が低い[32]。つまり，日本人英語学習者にとって，語頭シュワーの方がなじみ度は低く，心的にも弱く表象されていると考えられる（Sugiura, 2006）。単語親密度とは，当該単語を見たり聞いたりしたことがあるか，その心的な親しみ度を指す。『日本人英語学習者の英単語親密度音声編』[33]（横川編, 2009）を参照し，日本人英語学習者にとって親密度が高いとされる単語を，なじみ度の高い単語として，また，親密度が低いとされる単語を，なじみ度の低い単語として扱う。

3.　本研究

3.1　本研究の目的

本研究では，これまであまり注目されなかった日本人英語学習者による無意識的な発音練習（暗示的指導・学習）の効果，具体的には，音声提示された単語を即時復唱することの繰り返しにより，シュワーの習得が促進されるか，について検証する。特に，学習者による音声インプットの内在化に影響すると考えられる，以下の4点の要因に焦点を当てる。

32　2万語の英単語のコーパスで分析すると，内容語の90%が，弱強の強勢型であることがわかった（Cutler & Carter, 1987）。

33　評価は7段階中「7」が最も高い親密度である。単語選定源は，BNC database and word frequency lists であり（Kilgarriff, 1995），BNC 高頻度語の上位約 3,000 語が使用されている。

134 | 第 5 章　日本人学習者によるシュワー /ə/ の発音習得

(1)　インプット量（学習回数：単語の提示回数 0 回, 5 回, 10 回）
(2)　インプットの言語的特徴
　　　（語強勢型：弱強型 vs. 強弱型, 単語親密度：高親密度 vs. 低親密度）
(3)　L1 での音韻処理方法
　　　（「長さ」と「音質」の情報に対する敏感さ）
(4)　内在化された情報の頭の中での保持期間
　　　（学習効果の持続：学習 10 分後, 1 週間後）

3.2　仮説

　上記 (1) から (4) で示した要因の発音習得への影響を明らかにするために, 概観してきた先行研究をもとに, 次のような仮説を立てた。

(1)　インプット量（学習回数）
　5 回程度の音声反復で, 発音が改善されている先行研究の結果が正しければ, 本研究でも, 提示された単語を 5 回音声反復することにより, シュワーの発音の改善が見られ, それ以上反復しても効果がない。

(2)　インプットの言語的特徴（なじみ度）：語強勢型と単語親密度
　学習者にとってなじみ度の高い言語項目より, なじみ度の低い言語項目において学習効果が生じるという先行研究が正しければ, 学習者がこれまでの経験で接触する頻度が低かった強勢型を持つ単語（弱強型）や, 低親密度単語にあるシュワーの方が学習の効果が大きい。

(3)　L1 での音韻処理方法：長さと音質の情報に対する敏感さ
　音声特徴仮説によれば, 日本人英語学習者が母語の音韻処理に用いている長さの情報については, L2 インプットでも注意を向けることができる。そのため, シュワーの長さの割合では, 発音習得が促進される。一方, シュワーの音質については, 音質の情報を母語の音韻処理で利用していないため, 発音習得があまり促進されない[34]。

34　逆頻度効果の観点から, 学習者が母語での音韻処理に使用している長さの特徴につい

4. 実験 | 135

（4） 学習効果の持続

暗示的な学習で形成された音声・音韻知識（暗示的知識）は，比較的長期にわたって記憶に残りやすいと提唱されている（太田, 2008）。したがって，音声反復による発音改善は，学習から 10 分後だけでなく 1 週間後も持続する。

以上 4 つの仮説を検証するために実験を行った。

4.　実験

4.1　参加者

日本の大学に通う 12 名の日本人英語学習者（平均年齢：20 歳）が実験に参加した。英語習熟度は中級レベル（TOEIC：平均点 475，標準偏差 80）であった。英語学習開始時期は中学入学後であり，英語圏での滞在経験のある者はいなかった。実験後，参加者には謝礼が渡された。また英語母語話者の発音基準を確認するため，英語母語話者（アメリカ英語）である大学教員 2 名（ボストンとハワイ出身）も実験に参加した。

4.2　実験材料

2 音節と 3 音節の 32 語を用意した。単語選定にあたり，単語内のシュワーの位置と単語親密度を考慮した[35]。

ては，学習者にとってなじみ度が高いため反復による習得が促進されず，一方，母語の処理で使用していない音質の面については，なじみ度が低いので習得がより促進されるのではないかと推測する読者もいるかもしれない。しかし，「長さ」と「音質」は，そもそも異なる性質のものであり，強勢型の対立（弱強型 vs. 強弱型）や単語親密度の対立（高親密度単語 vs. 低親密度単語）のように同質の項目同士ではない。したがって，反復による音声的特徴の「長さ」と「音質」の習得の度合いについては逆頻度効果の考え方は当てはまらないと，筆者は考える。

35　シュワーの音質は，前後の子音によっても多少ではあるが変化する（Kondo, 1995）。しかし，今回の実験では，単語親密度を統制する必要もあり，子音の統制はできなかった。今後は，子音の統制をし，より正確にシュワーの音質を測定していく必要があるだろう。

136 │ 第5章　日本人学習者によるシュワー /ə/ の発音習得

表1　単語リスト

シュワーの位置	リスト A	リスト B	リスト C	リスト D
語頭の音節	cond**e**mn f**a**cility **a**larm c**o**ntrol s**u**spend	**a**bsorb c**o**nvey **a**gain c**o**rrect s**u**pply	**a**ward s**u**stain **a**ttend s**u**ggest	c**a**pacity s**u**pplier **a**broad s**u**pport
語末の音節	religi**ou**s danger**ou**s less**o**n	agend**a** fam**ou**s stati**o**n	carb**o**n op**e**ra cam**e**ra m**e**dia	enorm**ou**s reck**o**n Aug**u**st speci**a**l

注：太字はシュワーで発音される位置を示す。下線部は低親密度単語を示す。

シュワーの位置に関しては，語頭の音節にシュワーがある単語を18語，語末の音節にシュワーがある単語を14語用意した[36]。単語親密度の確認には，日本人大学生を対象に，約3,000の英単語に対する親密度を7段階で評価してもらったデータ（横川編，2009）をもとに，高・低親密度単語をそれぞれ選定した（語頭シュワー18語：高親密度8語，低親密度10語；語末シュワー14語：高親密度8語，低親密度6語）[37]。そして，実験にて実験材料の単語をランダム提示するために，全32単語を4つのリストに分けた。各リストは8単語で構成され，語頭・語末シュワーの単語と高・低親密度の単語が，それぞれほぼ均等に含まれるようにした（表1）。音声材料の作成には，入力した文字が音声化されるフリーソフト，Natural Reader 10.0（2011）のアメリカ人女性の声を用いた。音声録音には，音声編集用フリーソフトで

36　シュワーは弱く短い母音のため，発話速度の速い発音では脱落する傾向にある。この現象は，特に，核音節後の弱音節で子音が先行した後に，鼻音あるいは流音がくる場合に生じやすい（例：special /speʃəl/）（日本英語音声学会，2005, p. 220）。今回の実験ではこの点を考慮した単語選定ができなったが，次回の実験では考慮したい。

37　単語親密度は，語頭・語末シュワーの単語ごと別々に統制された。平均親密度は，語頭シュワー：高親密度6.0，低親密度2.8；語末シュワー：高親密度6.3，低親密度2.8，であった。高・低親密度の間に統計上有意な差が認められた（語頭シュワーの単語：$p<.01$; 語末シュワーの単語：$p<.01$）。

ある Audacity 1.3.12[38]（Mazzoni & Dannenberg, 2010）を使用した。

4.3 手続き

一般にプライミング効果(覚えようとしない状態で行った反復学習の効果)を測定する実験は，「学習期」－「インターバル（学習とテストの間）」－「テスト期」で構成される（McDonough & Trofimovich, 2009 参照）。本研究でもこの実験枠組みを使用した（図6）。

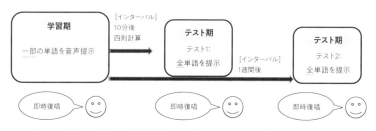

図6　実験の流れ：「学習期」－「インターバル」－「テスト期」

実験の流れとして，まず，「学習期」では，1語ずつランダムに音声提示された単語を，各参加者にできるだけ即時に復唱してもらった。各参加者に提示する単語として，4リストのうち，2リストをランダムに選び，1つのリストを「5回学習用」，もう1つのリストを「10回学習用」として利用した。各単語の提示時間は5秒であった[39]。各単語の復唱直後，参加者には各単語に /t/ の音素が含まれていたかどうかを別紙に記入してもらった。この目的は，参加者に，提示される単語の音声情報に集中してもらうためであった。なお，本番前に，参加者には本番で使用されない3つの単語で練習してもらった。

「学習期」と「テスト期」の間に設定された「インターバル（10分間）」では，短期記憶に残っている「学習期」の情報を取り除くために，簡単な四則計算を行ってもらった[40]。

38　本ソフトは音声録音だけでなく，音声のカットや合成などもできる。
39　聴覚性プライミング実験を行った Trofimovich（2005）を参照した。
40　テスト期では，学習期での学習を思い出してテストを行うことがないよう実験上の配

138 | 第 5 章 日本人学習者によるシュワー /ə/ の発音習得

　続いて，「テスト期」ではテスト 1，また 1 週間後にテスト 2 を実施した。
ここでは，「学習期」で使用しなかった 2 つのリストも含め，全単語を用い
た。各参加者には「学習期」と同様，ランダムに音声提示された単語をでき
るだけ即時に復唱してもらった[41]。

　実験用機材として，「学習期」と「テスト期」の単語の音声提示には，心
理学実験ソフトウェア Superlab 4.0[42] を利用した。このソフトは，単語の提
示間隔やランダム提示を設定できる。Superlab 4.0 はノートパソコンにセッ
トされた。テスト期での発話の録音には，Audacity 1.3.12（Mazzoni &
Dannberg, 2010）を用いた。実験の所要時間は，「学習期」とその直後に行わ
れた「テスト期」のテスト 1 で合計 30 分程度，1 週間後のテスト 2 は 10 分
程度であった。実験は 1 人ずつ静かな部屋で実施された。

4.4　音声分析

　録音データを分析するにあたり，正しく発音できなかった単語（例：別の
単語で発音，存在しない単語で発音，間違った強勢で発音）は対象外とした
（テスト 1 で 13%，テスト 2 で 11% がこれに当たった）。なお，音質（F1,
F2）には，参加者の声道の長さの差異が影響を与えるため，音声データの正
規化[43] を行った。音響分析には WaveSurfer 1.8.5 を用いた。本ソフトを用い
ると，パソコンのモニターに発音の音響的特徴を表すスペクトログラム（図
5 参照）が表示される。研究者はソフトの機能を用いて，シュワーの長さ（音
の持続時間）と F1, F2 の値を測定した。

慮が必要である。これは無意識的に頭に保存された暗示的知識のみを測定するための必須
条件である（太田, 2008）。

41　暗示的知識を測定するためには，実験材料の単語が音声提示された後，即時に反復す
る必要がある（Onishi, Chambers, & Fisher, 2002）。

42　本ソフトは，提示された材料に対する実験参加者の反応を記録・分析することも可能
である。

43　正規化は次のような手順で行った。まず，発話した 5 単語（lesson, special, correct,
agenda, attend）に含まれる強母音 /e/ の F3 値を測定し，平均値を算出した。次に，基準値と
なる参加者を無作為に 1 名（女性）選んだ。その基準値を各参加者の F3 平均値で割り，参
加者ごとの値（k）を算出した。最後に，各参加者の F1 と F2 に，それぞれの値（k）を掛け
合わせた。その結果出た F1, F2 を分析に用いた（Lee et al., 2006 参照）。

5. 結果

5.1 シュワーの長さの割合

結果①：語頭シュワーの長さの割合

　発音学習の結果を表2と図7に示す。3要因（「学習回数」（なし，5回，10回）×「単語親密度」（高，低）×「インターバル」（テスト1（10分後），テスト2（1週間後）））の分散分析の結果，本研究目的に関連して，主に次の4点が明らかになった。

　まず1つ目に，音声反復により，長さの割合の発音が改善されることがわかった。テスト1とテスト2の結果を合わせて，「学習あり」（5回または10回学習）と「学習なし」の発音（長さの割合）を比較してみると（表2），「学習あり」の平均値（0.38）は，「学習なし」の値（0.44）より低くなり，両値に有意な差が見られた[44]。かつ，「学習あり」の値は，英語母語話者の基準（0.38）に近づいた。ただし，5回学習と10回学習の発音を比較すると，値はともに0.38で，有意な差は見られなかった（$p = .99$）。5回の学習で発音はすでに英語母語話者の基準値に達しており，回数を重ねてもそれ以上伸びない頭打ち状態であったと言える。

　2つ目に，学習10分後に得られた効果が1週間後になっても持続していることがわかった。テスト1（学習10分後）で観察された5回と10回学習の発音の平均値は0.37で，テスト2（学習1週間後）では0.38であり（表2），両者に有意な差は確認されなかった[45]。この結果に加えて，全体（テスト1＋テスト2）で学習効果が得られていることを考え合わせると，学習10分後に得られた効果は，1週間後になっても持続していたと言える。

---

[44]　統計分析の結果，「学習回数」の主効果が有意であった（$F (2, 354) = 5.02$, $p<.05$, $\eta_p^2 = 0.28$）。さらに詳しく統計分析すると（事後検定），5回学習（$p<.05$, $d = 0.38$, 効果量小），10回学習（$p<.05$, $d = 0.36$, 効果量小）が確認された。

[45]　「インターバル」要因のテスト1とテスト2の発音を比較した結果，有意な差は見られなかった（$F (1, 355) = 0.20$, $p = .64$, $\eta_p^2 = .00$）。「学習回数」×「インターバル」で交互作用にも有意差は見られなかった（$F (2, 354) = 1.02$, $p = .361$, $\eta_p^2 = .00$）。

表2 語頭シュワーの長さの割合：学習×単語親密度×インターバル要因別

	テスト1（10分）			テスト2（1週間）		
	単語親密度					
	高	低	合計	高	低	合計
学習なし	0.46 (0.17)	0.45 (0.20)	0.46 (0.18)	0.45 (0.17)	0.39 (0.29)	0.42 (0.23)
学習（5回）	0.36 (0.12)	0.39 (0.15)	0.37 (0.14)	0.39 (0.17)	0.37 (0.13)	0.38 (0.15)
学習（10回）	0.38 (0.11)	0.37 (0.18)	0.37 (0.14)	0.38 (0.11)	0.39 (0.22)	0.39 (0.16)
英語母語話者	0.37 (0.11)	0.40 (0.13)	0.38 (0.12)	0.37 (0.11)	0.40 (0.13)	0.38 (0.12)

注：( ) 内は標準偏差（SD）。

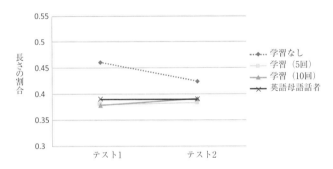

図7 語頭シュワーの長さの割合

3つ目に，学習者のシュワーの発音改善の度合いが，単語親密度によって変化することはなかった[46]。テスト1では，5回と10回学習した場合のシュワーの長さの割合の平均値は，高親密度単語では0.37（「学習なし」で0.46）

---

[46] 「学習回数」×「親密度」で交互作用に有意差は確認されなかった（$F(2, 354) = 0.70, p = .49, \eta_p^2 = .00$）。そのほかの交互作用にも有意差は見られなかった。「インターバル」×「親密度」（$F(1, 355) = 0.46, p = .49, \eta_p^2 = .00$）；「学習回数」×「親密度」×「インターバル」（$F(2, 354) = 0.45, p = .63, \eta_p^2 = .00$）。

で，低親密度単語は 0.38（「学習なし」で 0.45）であった。テスト 2 でも，高親密度単語では 0.38（「学習なし」で 0.45）で，低親密度単語においても 0.38（「学習なし」で 0.39）であった。つまり，シュワーの発音習得の促進に意味情報の要因は関係していなかったことになる[47]。

　最後に，平均値からの観察であるが，学習期で反復をしなかった単語において，学習直後では見られなかった発音改善が 1 週間後になって初めて確認された。表 2（網掛け部）の「学習なし」における，低親密度単語のテスト 1 とテスト 2 の値を比較すると，テスト 1 で 0.45 であった長さの割合が，テスト 2 になって，0.39 と値が低くなり，英語母語話者の基準（0.4）に近づいている。つまり，練習効果がゆっくりと時間をかけて，反復学習をしていない単語にも波及したことになる。

結果②：語末シュワーの長さの割合

　発音学習の結果を表 3 と図 8 に示す。

　語頭シュワーの場合と同様に，分散分析を行った結果，主に次の 3 点が判明した。

　1 つ目に，発音練習の直後のテスト 1（10 分後）のみにて学習効果が見られた。表 3（下線部）に示すように，テスト 1 の「学習 5 回」の長さの割合は 0.57 で，「学習 10 回」の値は 0.56 であり，両者とも「学習なし」の 0.75 より値が低くなり，かつ，英語母語話者の値である 0.57 に近づいている。そして，「学習なし」と「学習 5 回」，「学習なし」と「学習 10 回」のそれぞれにおいて，有意な差が確認された[48]。

47　単語親密度とは，当該単語を見たり聞いたりしたことがあるか，その心的な親しみ度を指すものであり，必ずしも，どの程度「意味」を知っているかについての指標ではない。ただし，単語親密度には，意味的情報も多少は影響していると考えられる。

48　「学習回数」の主効果が有意であった（$F_{(2, 251)} = 10.61$, $p<.001$, $\eta_p^2 =.08$）。事後検定の結果，テスト 1 の 5 回学習 $p<.05$, $d = 0.96$，効果量大；10 回学習 $p<.01$, $d = 0.97$，効果量大，が確認された。

表3 語末シュワーの長さの割合：学習×単語親密度×インターバル要因別

	テスト1（10分）			テスト2（1週間）		
	単語親密度					
	高	低	合計	高	低	合計
学習なし	0.72 (0.18)	0.78 (0.27)	0.75 (0.22)	0.67 (0.16)	0.71 (0.19)	0.69 (0.17)
学習（5回）	0.53 (0.10)	0.62 (0.14)	0.57 (0.12)	0.71 (0.19)	0.55 (0.18)	0.63 (0.19)
学習（10回）	0.59 (0.13)	0.53 (0.12)	0.56 (0.13)	0.69 (0.17)	0.65 (0.18)	0.67 (0.18)
英語母語話者	0.61 (0.32)	0.54 (0.13)	0.57 (0.22)	0.61 (0.32)	0.54 (0.13)	0.57 (0.22)

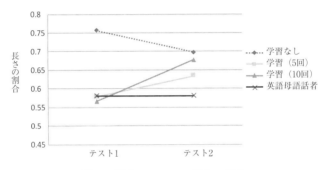

図8　語末シュワーの長さの割合

2つ目に，学習10分後に得られた学習効果が，1週間は持続しないことがわかった。表3（網かけ部）で，「学習5回」（テスト1：0.57→テスト2：0.63）と「学習10回」（テスト1：0.56→テスト2：0.67）のどちらの場合でも，テスト1（学習10分後）よりテスト2（学習1週間後）の値が高くなり，かつ，英語母語話者の発音からの逸脱度合いが大きくなっている（図8）。

5. 結果 | 143

「学習5回」と「学習10回」のそれぞれにて，テスト1とテスト2で得られた値の間に有意な差が見られた[49]。

3つ目に，語頭シュワーと同様に，学習効果の大きさは単語親密度によって変化することはなかった。テスト1では，「学習あり」（学習5回と学習10回の平均）におけるシュワーの長さの割合は，高親密度単語では0.56（「学習なし」は0.72）で，低親密度単語で0.57（「学習なし」は0.78）であり，高・低親密度単語におけるシュワーの発音改善の度合いに有意な差はなかった[50]。テスト2でも，高親密度単語では0.60（「学習なし」は0.67）で，低親密度単語においては0.70（「学習なし」は0.71）であり（表3），発音改善に関して，高・低親密度単語の間で有意な差は見られなかった[51]。

5.2　シュワーの音質（F1 と F2）

結果①：語頭シュワーの音質（F1 と F2）

F1について結果を表4と図9に示す。統計分析は，長さの割合の分析と同様で，3要因（「学習回数」（なし，5回，10回）×「単語親密度」（高，低）×「インターバル」（テスト1（10分後），テスト2（1週間後）））を行った。

表4に示すように，テスト1の場合，「学習5回」の値は616 Hzで，「学習10回」の値は639 Hzであり，両者とも「学習なし」の616 Hzから変化がなかった。テスト2の場合でも，「学習5回」の値は609 Hzで，「学習10回」では626 Hzであり，両者とも「学習なし」の603 Hzと比べて変化がな

49　「学習回数」×「インターバル」で交互作用に有意差が確認されたため（$F(2, 251) = 5.02$, $p<.01$, $\eta^2_p = .04$）事後検定を実施した。その結果，5回，10回学習のそれぞれの場合において，テスト1とテスト2の間に有意差が見られた：5回：学習 $p<.05$, $d = 0.55$, 効果量大：10回学習：$p<.01$, $d = 0.80$, 効果量大。

50　「学習回数」×「親密度」で交互作用に有意差は確認されなかった（$F(2, 354) = 0.70$, $p = .49$, $\eta^2_p = .00$）。そのほかの交互作用にも有意差は見られなかった。「インターバル」×「親密度」（$F(1, 355) = 0.46$, $p = .49$, $\eta^2_p = .00$）；「学習回数」×「親密度」×「インターバル」（$F(2, 354) = 0.45$, $p = .63$, $\eta^2_p = .00$）。

51　「単語親密度」×「学習回数」で交互作用に有意差は見られなかった（$F(2, 251) = 1.88$, $p = .15$, $\eta^2_p = .01$）。そのほかの交互作用にも有意差は見られなかった「インターバル」×「親密度」（$F(1, 252) = 3.01$, $p = .08$, $\eta^2_p = .00$）；「学習回数」×「親密度」×「インターバル」（$F(2, 251) = 2.21$, $p = .11$, $\eta^2_p = .01$）。

かった。全体として「学習あり」と「学習なし」の値に差がなく[52]、シュワーのF1の面で、発音習得は促進されなかった。なお、参加者のF1は、英語母語話者の498 Hzと比べてかなり高い傾向が見られた。

表4 語頭シュワーのF1 (Hz)：学習×単語親密度×インターバル要因別

	テスト1 (10分)			テスト2 (1週間)		
	単語親密度					
	高	低	合計	高	低	合計
学習なし	606 (179)	627 (188)	616 (183)	609 (141)	593 (166)	603 (153)
学習 (5回)	629 (181)	603 (122)	616 (151)	614 (141)	599 (160)	609 (150)
学習 (10回)	605 (175)	674 (170)	639 (172)	620 (176)	634 (192)	626 (184)
英語母語話者	490 (98)	507 (137)	498 (117)	490 (98)	507 (137)	498 (117)

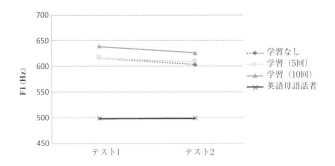

図9 語頭シュワーF1

---

[52] 「学習回数」要因の主効果はなく（$F(2, 317) = 0.58, p = .55, \eta_p^2 = .00$）、また、「単語親密度」×「学習回数」（$F(2, 317) = 0.67, p = .51, \eta_p^2 = .00$）と「インターバル」×「学習回数」（$F(2, 317) = 0.00, p = .99, \eta_p^2 = .00$）でも有意な交互作用が見られなかった。

次に，語頭シュワーのF2についての練習結果を表5と図10に示す。統計分析はこれまでと同様で，3要因の分散分析を行った。

表5　語頭シュワーのF2（Hz）：学習×単語親密度×インターバル要因別

	テスト1（10分）			テスト2（1週間）		
	単語親密度					
	高	低	合計	高	低	合計
学習なし	1680 (444)	1610 (408)	1645 (426)	1520 (278)	1384 (425)	1452 (351)
学習 (5回)	1590 (307)	1600 (452)	1595 (379)	1570 (282)	1539 (481)	1554 (381)
学習 (10回)	1627 (362)	1500 (348)	1563 (355)	1597 (347)	1455 (374)	1528 (360)
英語母語話者	1828 (475)	1705 (313)	1766 (394)	1828 (475)	1705 (313)	1766 (394)

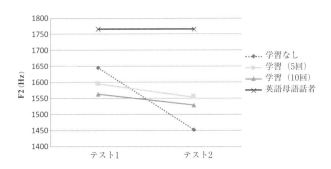

図10　語頭シュワーF2

表5に示すように，テスト1の場合「学習5回」の値は1595 Hzで，「学習10回」では1563 Hzであり，両者とも「学習なし」の1645 Hzから，値の変化がなかった。テスト2の場合も，「学習5回」の値は1554 Hzで，「学習10回」では1528 Hzであり，それぞれ「学習なし」の1452 Hzと比べて

146 | 第5章 日本人学習者によるシュワー /ə/ の発音習得

変化がなかった。全体として「学習あり」と「学習なし」のF2値に有意な差がなく[53]，シュワーのF2の面での発音改善は見られなかった。なお，参加者のF2は，F1とは逆に，英語母語話者の1766 Hzと比べて低い傾向が見られた。

　以上，F1とF2をまとめると，語頭シュワーでは，音質の面の習得は促進されなかったことになる。

結果②：語末シュワーの音質（F1とF2）

　語末シュワーの音質（F1, F2）についての結果を示す。統計分析は，これまでと同様に3要因の分散分析を行った。

　まず，表6と図11は，F1についての結果である。

　表6に示すように，テスト1の場合「学習5回」の値は687Hzで，「学習10回」の値は670 Hzであり，両者とも「学習なし」の647 Hzと比べて変化が見られなかった。テスト2の場合でも，「学習5回」の値は663 Hzで，「学習10回」では672 Hzであり，両者とも「学習なし」の652 Hzと比較して，変化がなかった。全体として「学習あり」と「学習なし」の値を比較した場合，両者に有意な差はなく[54]，語末シュワーのF1で発音改善は見られなかった。なお，参加者の語末シュワーのF1は，語頭シュワーと同様に，英語母語話者の581 Hzと比べて低い傾向にあった。

53　「学習回数」の主効果はなかった（$F(2, 317) = 0.15, p = .85, \eta_p^2 = .00$）。また，「インターバル」×「学習回数」（$F(1, 318) = 1.57, p<.05, \eta_p^2 = .21$）と「単語親密度」×「学習回数」（$F(2, 317) = 0.58, p = .55, \eta_p^2 = .00$）でも有意な交互作用は確認されなかった。

54　検定の結果，「学習回数」要因の主効果はなく（$F(2, 271) = 0.52, p = .59, \eta_p^2 = .00$），反復によるシュワーの発音向上は見られなかった。「単語親密度」×「学習回数」（$F(2, 271) = 0.65, p = .52, \eta_p^2 = .00$）と「インターバル」×「学習回数」（$F(2, 271) = 0.15, p = .86, \eta_p^2 = .00$）においても有意な交互作用はなく，「単語親密度」要因と「インターバル」要因はいずれも発音学習に影響していないことが明らかになった。

5. 結果 | 147

表6　語末シュワーのF1 (Hz)：学習×単語親密度×インターバル要因別

	テスト1（10分）			テスト2（1週間）		
	単語親密度					
	高	低	合計	高	低	合計
学習なし	654 (254)	640 (173)	647 (213)	672 (154)	633 (142)	652 (148)
学習 （5回）	674 (208)	701 (167)	687 (187)	649 (162)	677 (137)	663 (149)
学習 （10回）	666 (159)	675 (175)	670 (167)	653 (124)	692 (155)	672 (139)
英語母語話者	577 (144)	586 (128)	581 (136)	577 (144)	586 (128)	581 (136)

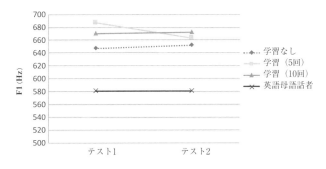

図11　語末シュワー F1

続いて語末シュワーのF2についての結果を表7と図12に示す。主に明らかになったことは次の3つである。

まず1つ目に，テスト1（10分後）にて，「学習5回」の場合に語末シュワーの発音向上が見られた。表7（下線部）に示すように，「学習5回」の値（1826 Hz）と「学習10回」の値（1811 Hz）はともに，「学習なし」の値（1650 Hz）より高く，英語母語話者の値（1858 Hz）に近づき，特に「学習5

回」と「学習なし」の間で有意な差が確認された[55]。

表7　語末シュワーのF2（Hz）：学習×単語親密度×インターバル要因別

	テスト1（10分）			テスト2（1週間）		
	単語親密度					
	高	低	合計	高	低	合計
学習なし	1731 (315)	1570 (302)	1650 (308)	1765 (303)	1611 (340)	1682 (321)
学習 （5回）	1894 (342)	1759 (257)	<u>1826</u> (470)	1796 (367)	1803 (368)	<u>1799</u> (367)
学習 （10回）	1800 (233)	1822 (437)	<u>1811</u> (335)	1759 (341)	1660 (280)	1709 (310)
英語母語話者	1807 (201)	1909 (286)	<u>1858</u> (243)	1807 (201)	1909 (286)	1858 (243)

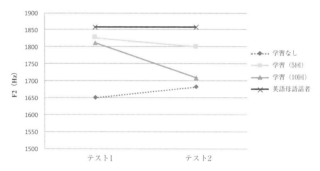

図12　語末シュワー F2

　2つ目に，上記で述べた学習効果は1週間続いたことがわかった。テスト1で測定された「学習5回」のシュワーの値は1826 Hzで，テスト2では1799 Hzであり，両者に大きな変化が見られず有意な差がなかった[56]（表7網

55　分散分析の結果，「学習回数」要因で主要効果が見られ（$F(2, 271) = 4.46, p<.05, \eta_p^2 = .03$），事後検定の結果，5回学習にて学習効果が見られた（$p<.05, d = 0.40$，効果量小）。
56　「インターバル」要因でテスト1とテスト2の語末シュワーのF2を比較したところ，

かけ部）。

　3つ目に，学習効果は単語親密度に影響されないことが明らかになった。高・低親密度単語にあるシュワーの発音改善を比較すると，テスト1では，「学習あり」（学習5回と10回の平均）の場合，高親密度単語では1847 Hz（「学習なし」は1731 Hz），低親密度単語では1790 Hz（「学習なし」は1570 Hz）であり，高・低親密度単語におけるシュワーでの学習効果に，有意な差はなかった。テスト2でも，「学習あり」の場合，高親密度単語では1777 Hz（「学習なし」は1765 Hz）で，低親密度単語では1707 Hz（「学習なし」は1611 Hz）であり，高・低親密度単語にあるシュワーの発音改善の度合いに，有意差は見られなかった[57]。

6.　考察

　本研究の結果を以下にまとめる。表8の「○」は学習効果，つまり，「学習なし」と「学習あり」を比較した場合に有意差が確認され，かつ英語母語話者の基準値に近づいたものを示している。また，「＝」は「学習5回」と「学習10回」学習効果が同等（有意差が見られなかった）であったことを示す。

　これらの結果をもとに（1）から（4）の仮説を検討する。なお，（2）と（4）については，相互関係が見られたため，まとめて議論する。

有意差は確認されなかった（$F(1, 272) = 0.49$, $p = .48$, $\eta_p^2 = .00$）。また，交互作用も確認されなかった：「学習回数」×「インターバル」，$F(2, 271) = 1.03$, $p = .35$, $\eta_p^2 = .00$，「学習回数」×「単語親密度」×「インターバル」，$F(2, 271) = 0.65$, $p = .52$, $\eta_p^2 = .00$。

57　「単語親密度」×「学習回数」（$F(2, 271) = 1.88$, $p = .15$, $\eta_p^2 = .01$）で有意な交互作用が見られなかった。

150 | 第5章　日本人学習者によるシュワー /ə/ の発音習得

表8　実験結果のまとめ

		語頭シュワー		語末シュワー	
		5回	10回	5回	10回
長さの割合	10分後	○ =	○	○ =	○
	1週間後	○ =	○	― =	―
音質（F1, F2）	10分後	―	―	F2	―
	1週間後	―	―	F2	―

注：単語親密度は，統計的有意差が確認されなかったので表示していない。

(1)　インプット量（学習回数）

　先行研究に基づき，5回の音声反復で，シュワーの発音改善が見られ，それ以上反復しても効果がないという仮説を立てた。実験の結果，長さの割合では，語頭シュワー（10分後と1週間後）と語末シュワー（10分後）において，5回と10回の繰り返しで，ともに発音向上が見られた。ただし，5回と10回の繰り返しによる発音向上の度合いに，有意な差はなかった。音質の面では，限定的であったが語末シュワーのF2（10分後と1週間後）において，当該単語を5回繰り返した時のみに，発音向上が確認された。したがって，本結果は概ね仮説どおりであったと言える。

　先行研究では，一度に当該言語を5回程度反復することにより，ピッチ幅での発音改善が最大となることが明らかにされている。本研究の結果により，ピッチだけでなく，シュワーの長さの割合でも，一定回数，音声反復すれば習得が促進されるが，それ以上の反復は，さらなる習得に結びつかない可能性が示唆された。

　ところで，一度に一定回数以上音声反復しても，さらなる発音習得につながらないのはなぜだろうか。認知心理学の分野では，今回の練習方法のように集中して反復を繰り返すことを**集中学習（massed repetition）**と呼ぶ。この学習方法では，同じ項目が連続して学習者に提示される。よって先に提示された言語項目の情報が学習者の記憶に残っているところに同じ項目が提示される。そのため，学習者はすでに当該項目を十分に学習していると感じや

6. 考察 | 151

すくなる。その結果，一定回数を越えて提示される項目においては，イン
プット中の言語項目の処理が十分になされない (Hintzman, 1974)[58]。つまり，
さらなる習得が促進されにくいと考えられる。

　また，たった5回で学習効果が見られたにもかかわらず，少なくとも6
年間英語教育を受けてきた日本人英語学習者（大学生）が，なぜ，これまで
シュワーの発音が習得できなかったのだろうかと疑問に思う人もいるかもし
れない。考えられる理由の1つは、音声インプットの反復方法である。推測
の域を出ないが，日本人英語学習者の多くは，英語母語話者のモデル発音の
後，少し時間を空けてから復唱する「リピート」をした経験はあるかもしれ
ないが，今回の発音練習のように，モデル音声に集中して，間髪をいれず即
時に復唱する「シャドーイング」の機会は少なかったかもしれない。長期記
憶にある母語の音韻知識までアクセスして発音する「リピート」ではなく，
母語の知識の影響を受ける可能性のより少ない音声知覚レベルでの即時復唱
を繰り返すことにより，提示された発音により近いインプットを内在化させ
音韻表象を形成していくことができると考えられている (門田, 2007)。した
がって，今回の実験で行ったような音声インプットの即時復唱により，日本
人英語学習者のシュワーの発音（長さの割合）やその他の発音の習得を，促
進していくことができるかもしれない。しかしながら，今回の実験では，学
習から1週間後の効果を検証したのみで，1ヶ月後などの長期的な学習効果
の持続を検証していない。反復によるプライミング効果は長期にわたると提
唱されているが，その効果について L2 発音習得の面でのさらなる追究が必
要である。

58　この説明は，認知心理学の分野で，**不完全処理仮説（deficient processing）**と呼ばれて
いる。何かを記憶しようとするとき，間隔をあけずに集中学習するよりも，一定の間隔を
あけて**分散学習（spaced repetition）**したほうが，記憶成績がよくなることを説明する理論
的根拠の1つである。

（2） インプットの言語的特徴（なじみ度）：語強勢型と単語親密度
（4） 学習効果の持続

・語強勢型

　音声反復による学習効果は，学習者にとってなじみ度のより低い言語項目においてより生じると提唱されている（Rescorla & Wagner, 1972）。そのため，語強勢型に関しては，学習者にとってなじみ度の低い，語頭シュワー（弱強型）において，より高い学習効果が得られると仮説を立てた。

　実験の結果，語頭シュワーの学習効果は 1 週間持続したが，語末シュワーの効果は 10 分後のみで確認された。つまり，語頭シュワーのほうが，発音改善された状態がより長い時間持続するというかたちで，学習効果がより高かった。したがって，仮説は概ね支持されたと言えよう。

　人間の心の中に十分な知識として表象されていない言語項目において，より大きな学習効果を得られるという現象については，L1 や L2 の統語的プライミング[59]研究で先駆的な報告がされている（逆頻度効果）（Hartsuiker & Westenberg, 2000; Kaan & Chun, 2017; Luka & Choi, 2012; Reitter, Keller, & Moore, 2011; Scheepers, 2003）。特筆すべきは，Luka & Choi では，なじみの低い言語項目において，反復学習の効果がより持続する（1 週間）ことが明らかにされている。

　L2 聴覚性プライミング実験を行った本研究でも，統語的プライミングの先行研究と同様の現象が見られた。本研究では，学習者が普段から見たり聞いたりする機会の多い強弱型の語強勢と比べて，接する機会の少ない弱強型のインプットを受けた場合に，当該構造の知識が頭の中に取り込まれやすく，知識が再構築される度合いはより大きかったと考えられる。その結果，内在化された弱強型のリズムの知識は記憶の中でより安定し，1 週間後のアウトプットでも，学習効果が継続して観察されたと推察される。

・単語親密度

　仮説では，学習者にとってなじみ度の低い低親密度単語において，より大きな学習効果があると予測した。実験の結果，単語親密度の違いによる学習

59　以前に接触した文と，同じ構文を使用する傾向のことを指す。

効果に違いは見られず，仮説は支持されなかった。つまり，学習者は，高親密度単語のように意味的情報を利用しやすい単語においても，そうでない低親密度単語においても同様に，音声提示された単語の音声情報を内在化させ，発音改善（長さの割合の面のみ）につなげることができたと考えられる。学習の観点から捉えると，既習である可能性が高い高親密度単語であっても，あるいは，新規学習単語とも考えられる低親密度単語であっても，ある程度音声に集中して音声インプットの即時復唱を繰り返すことにより，シュワーの発音を向上できる可能性を示唆していると言えよう。

・低親密度かつ弱強型の単語にあるシュワー：新規項目への影響

　平均値での傾向であるが，学習期で学習しなかった単語においても，反復学習の効果が波及する現象（学習の一般化）が観察された。この学習効果は参加者にとってなじみ度の低い，低親密度単語の語頭シュワーに限定して見られた。さらに興味深いことに，効果は学習直後ではなく，1週間後になって初めて観察された。

　このように，反復による学習効果が学習直後ではなく，ある程度の時間が経ってから生じるという現象は，**記憶固定**（**memory consolidation**）（McGaugh, 2000）と呼ばれている。なぜ学習効果が現れるのに，時間がかかったのか。本実験では，同じ単語を音声反復することで，弱強型の語強勢の音韻表象が英語母語話者のものに近い形で，内在化された。そして，この内在化された音韻表象が，学習をしなかった同じ語強勢型を持つ単語にも応用される，つまり，未学習の単語の音韻表象に統合されるために，ある程度の時間が必要だったと推察される（Truscott, 2014）。

　また，時間をかけて形成された表象の性質は，言語の「運用」に向けての準備ができている状態，すなわち，自動的，無意識的な言語処理が可能な状態にあると考えられている（Truscott, 2014）。言語習得の分野では，まだ，記憶固定の研究が限られている（Davis & Gaskell, 2009）[60]。だが，上記のような利点を考えると，本実験で観察されたような記憶固定の現象は，言語習得の分野でもさらに追究していく価値があると考える。

60　脳神経学の視点からL1語彙習得の分野でこの現象が注目され始めている。

（3）　L1 での音韻処理方法：長さと音質の情報に対する敏感さ

　音声特徴仮説に基づけば，日本語母語話者は，母語の音韻処理で利用している長さの情報に対して，L2 インプットでも敏感であるが，母語で利用していない音質の情報にはそれほど敏感ではないと考えられる。したがって，発音練習の結果，シュワーの音質より，長さの割合の面で習得が促進すると仮説を立てた。

　実験の結果は，仮説通り，特に長さの割合（語頭・語末シュワーの両方）で習得が促進された。この点は，Lee et al. (2006) の結果と一致している。ただし，Lee et al. はシュワーの習得到達度を検証したが，本研究は，音声反復による学習効果を検証している。本研究は，暗示的学習ではシュワーの音質の面は十分に改善されないことを明らかにした点で意義があると言えよう。

　ところで，シュワーの音質の面での限定的な学習効果は，5 回学習をした場合に，語末シュワーの F2 で観察された。しかし，この結果をもって，音声反復により，常に F1 ではなく F2 での習得が促進されると結論づけることは難しい。なぜなら，Tomita et al. (2010) は，ある日本人英語学習者は，F1 面で英語母語話者並みの発音をしたが，他の学習者は対照的に F2 の習得ができていたと報告している。また，各学習者における F1, F2 の産出傾向は，単語によっても異なると言う。つまり，シュワーの F1 と F2 の習得は安定しにくく，かつ，決まった習得順序は見られにくいと推察される。本研究の実験参加者は多人数ではないため（12 名），F2 のみで学習効果が得られた結果には，個人差や何らかの単語の特性が影響した可能性も否定できない[61]。

　最後に，音声反復により，シュワーの音質の情報を十分に内在化できず，習得を十分に促進できなかった日本人英語学習者は，シュワーの F1, F2 をどのように発音していたのだろうか。実験結果によると，参加者の F1 は，英語母語話者の基準値と比較して高く（語頭シュワー：631 Hz），F2 は低い傾向にあった（1560 Hz）。これらの値は，日本語母音の中では，/a/（F1:

61　今回は行わなかったが，実験参加者全員の平均的な発音だけでなく，個人のデータも分析することで，シュワーの習得についてより詳しく観察できるだろう。

978Hz, F2: 1384 Hz, 図4参照）と /o/（F1: 567 Hz, F2: 894 Hz）の間あたりの発音に比較的近かった。なぜ，参加者はこのような発音をしたのか。日本語には，シュワーのような中央中舌母音がない。そして，英語ではシュワーという母音に特化したスペリングがあるわけではなく，どのスペリングにも生じる。そのため，日本人英語学習者は，シュワーを発音するにあたりスペリングと音が常に1対1の対応関係にある日本語のローマ字の発音方法の影響を受ける傾向にあると言われている（Lee et al., 2006; Sugiura, 2006; Tomita et al., 2010）。したがって，本研究でも，参加者は，提示された単語のシュワーに対応するスペリングの影響を受けた発音をしたと考えられる[62]。

しかし，先行研究では単語を視覚提示したが，本実験では音声提示であった。それにもかかわらず，スペリングが発音に影響したのはなぜだろうか。Young-Scholten & Archibald（2000）は，L2学習の初期から文字に多く触れる機会のあった成人学習者は，音声提示された単語を処理する際でも，スペリング，つまり**正書法表象（英単語の視覚表象）（orthographic representation）**を通じて心的語彙にアクセス・処理する傾向があると主張している。本研究の参加者も，音声提示された語を聞いた際，英単語の文字を頭に思い浮かべ，スペリング情報を利用してシュワーを発音したと推察される。

7.　おわりに

ここでは今後の研究の展望について考えてみたい。

まず，発音練習の方法の観点から述べたい。本研究の結果では，シュワーの長さの面では顕著な学習効果が見られたが，音質の面では効果が生じたのは限定された箇所のみで，十分な学習効果は観察されなかった。では，どのようにしたら音質の面でも向上するのだろうか。Kondo（1995）によると，日本人母語話者と英語母語話者では調音結合が異なり，その違いがシュワーの質に影響する。よって，練習中，学習者にこの調音の違いを気づかせるこ

62　本研究で用いた実験材料では，シュワーに対応するスペリングとして4種類（〈a〉，〈o〉，〈u〉，〈ou〉）あった。今回は行わなかったが，スペリングごとにF1とF2を算出することにより，スペリングと代用された日本語母音の関係がより明らかになるだろう（Lee et al., 2006参照）。

とで（明示的指導），音質の面での発音向上が期待できるかもしれない。例えば，シュワーのF1（舌の上下の動き）やF2（舌の前後の動き）を，学習者の発話と同時にコンピューターのモニターに視覚的に提示し，学習者がモデル発音と比較できるような方法が考えられる[63]。このように，学習者の気づきを促す明示的指導・学習により，シュワーの音質の面での発音が向上するかどうか検証することは興味深い。

　また，本研究では，単語の即時復唱を繰り返す練習の効果を明らかにしたが，同時に，一度に行う反復回数についての課題も見えた。語末シュワーの発音（長さの割合）の場合，5回あるいは10回反復により，学習効果は10分後に観察されたが，1週間持続しなかった。音質の面でも，学習効果が現れたが，それは5回反復時のみであった。このような結果から，一度に5回より多い10回の反復は，必要がない可能性が高い。反復学習の方法には，該当項目を1日に集中して反復する方法（集中学習）と，反復回数を数日間に分配する方法（分散学習）がある。認知心理学では一般に，分散学習のほうが，より効果的であることが知られている（北尾，2002）。本研究は，集中学習（例：1日に10回反復）であったが，分散学習（例：1日に5回ずつ，2日間で10回反復）を行うことで，より大きな学習効果が期待できるかもしれない。今後，意味ある反復学習を行うためにも，集中学習と分散学習の観点からの検証も面白いだろう。

　発音学習の効果測定の方法についても検討する余地がある。本研究では，学習の効果測定に音声分析のみを用いた。確かに，音声分析データは客観的な指標であり，多くの研究者が用いている手法である。しかし，発音指導・学習の究極的な目標は，学習者が聞き手（英語母語話者，非英語母語話者）に通じる発音ができるようになることである（Saito & Lyster, 2012）。したがって，今後は音声分析と聞き手による評価を組み合わせて，発音学習の効果を測定する必要があると考える。それにより，L2音声習得研究がより示唆に富むものになるだろう。

　最後に，本研究では，学習者が音声インプットのどのような言語情報を選

63　de Bot（1983）とHardison（2004）は学習者が発話すると同時に，フィードバックとしてイントネーション（de Bot, 1983）やピッチ情報（Hardison, 2004）を視覚提示することで発音の指導効果があると報告している。

択的に頭の中に取り込み，内在化させ，シュワーの発音向上につなげることができるかを，インプットに含まれる諸要因を対象に検討した。今後は，未検討である要因（例：文字提示の有無，発話速度，声の質）にも対象を広げて，体系的に検証していくことが必要であろう。また，提示される音声情報に，学習者がどの程度気づき，その情報を内在できるかは，学習者の認知容量や英語習熟度，英語使用量なども影響すると考えられている（McDonough & Trofimovich, 2009）。これらの要因を考慮しながら，シュワーの発音だけでなく，その他の発音項目に対しても一般化して検討していくことで，L2音声・音韻発達のメカニズムの解明や，また，より効果的または効率の良いL2音声・音韻習得や学習のための，重要な手がかりが得られるだろう。

本稿は Sugiura（2015）の一部と Sugiura（2016）をもとに，加筆，修正したものである。本稿の執筆にあたり貴重なご助言をいただきました東京高等工業専門学校，堀智子先生に心より感謝申し上げます。また，編者の白畑知彦先生，須田孝司先生には，大変多くの有益なご助言をいただきましたこと深くお礼申し上げます。

参考文献

Akita, M. (2001). *The phonological development of adult Japanese learners of English: A longitudinal study of perception and production*. Doctoral dissertation. Durham: University of Durham.

Akita, M. (2005). The Effectiveness of a prosody–oriented approach in L2 perception and pronunciation training. *Waseda University Fuculty of Education, English Linguistics and Literature, 53*, 1–22.

Beckman, M. E. (1986). *Stress and non-stress accent*. Holland, Dorrecht, The Netherlands: Foris Publicati.

Boersma, P., & Weenink, D. (2017). *Praat: doing phonetics by computer* [Computer program]. Version 6.0.28, retrieved 23 March 2017 from http://www.praat.org/

Bolinger, D. L. M. (1965). *Forms of English: Accent, morpheme, order*. Cambridge MA: Harvard University Press.

Bradlow, A. R., Pisoni, D. B., Akahane-Yamada, R., & Tohkura, Y. I. (1997). Training Japanese listeners to identify English/r/and/l: IV. Some effects of perceptual learning on speech production. *The Journal of the Acoustical Society of America, 101*(4), 2299–2310.

Celce-Murcia, M., Brinton, D. M., Goodwin, J. M., & Griner, B. (2010). *Teaching pronunciation paperback with audio CDs(2): A course book and reference guide.* Cambridge: Cambridge University Press.

Church, B. A., & Schacter, D. L. (1994). Perceptual specificity of auditory priming: implicit memory for voice intonation and fundamental frequency. *Journal of Experimental Psychology: Learning, Memory, and Cognition, 20*(3), 521–533.

Cruttenden, A. (2014). *Gimson's pronunciation of English.* New York: Routledge.

Cutler, A., & Carter, D. M. (1987). The predominance of strong initial syllables in the English vocabulary. *Computer Speech & Language, 2*(3), 133–142.

Davis, M. H., & Gaskell, M. G. (2009). A complementary systems account of word learning: neural and behavioural evidence. *Philosophical Transactions of the Royal Society B: Biological Sciences, 364*(1536), 3773–3800.

de Bot, K. (1983). Visual feedback of intonation I: Effectiveness and induced practice behavior. *Language and Speech, 26*(4), 331–350.

Derwing, T. M., & Rossiter, M. J. (2003). The effects of pronunciation instruction on the accuracy, fluency, and complexity of L2 accented speech. *Applied Language Learning, 13*(1), 1–17.

Ellis, N. C. (2002). Frequency effects in language processing. *Studies in Second Language Acquisition, 24*(2), 143–188.

Ellis, N. C. (2005). At the interface: Dynamic interactions of explicit and implicit language knowledge. *Studies in Second Language Acquisition, 27*(2), 305–352.

Flemming, E., & Johnson, S. (2007). Rosa's roses: Reduced vowels in American English. *Journal of the International Phonetic Association, 37*(1), 83–96.

Gass, S. (1997). *Input, interaction and the second language learners.* Mahwah, NJ: Lawrence Erlbaum.

Goldinger, S. D. (1996). Words and voices: Episodic traces in spoken word identification and recognition memory. *Journal of Experimental Psychology: Learning, Memory, and Cognition, 22*(5), 1166–1183.

Grabe, E., & Low, E. L. (2002). Durational variability in speech and the rhythm class hypothesis. *Papers in Laboratory Phonology, 7,* 515–546.

Hardison, D. M. (2004). Generalization of computer-assisted prosody training: Quantitative and qualitative findings. *Language Learning & Technology, 8,* 34–52.

Hartsuiker, R. J., & Westenberg, C. (2000). Word order priming in written and spoken sentence production. *Cognition, 75*(2), B27–B39.

Hintzman, D. L. (1974). Theoretical implications of the spacing effect. In R. L. Solso (Ed.), *Theories in cognitive psychology: The Loyola symposium* (pp. 77–99). Hillsdale, NJ: Erlbaum.

Hori, T. (2008). *Exploring shadowing as a method of English pronunciation training.*

Unpublished doctoral dissertation. Nishinomiya, Hyogo: Kwansei Gakuin University.

今石元久. (1997). 『日本語音声の実験的研究』. 大阪：和泉書院.

Kaan, E., & Chun, E. (2017). Priming and adaptation in native speakers and second-language learners. *Bilingualism*: *Language and Cognition*. DOI: https://doi.org/10.1017/S1366728916001231

門田修平. (2007). 『シャドーイングと音読の科学』. 東京：コスモピア.

Kashiwagi, A., & Snyder, M. (2014). Intelligibility of Japanese college freshmen. *JACET Journal, 58,* 39–56.

Kashiwagi, A., Snyder, M., & Craig, J. (2006). Suprasegmentals vs. segmental: NNS phonological errors leading to actual miscommunication. *JACET Bulletin, 43,* 43–57.

川原繁人. (2015). 『音とことばのふしぎな世界：メイド声から英語の達人まで』. 東京：岩波書店.

Kilgarriff, A. (1995). *BNC database and word frequency lists.* Retrieved from https://www.kilgarriff.co.uk/bnc-readme.html

北尾倫彦. (2002). 「記憶の分散効果に関する研究の展望」. 『心理学評論』 *45,* 164–179.

Kondo, Y. (1995). *Production of schwa by Japanese speakers of English: A crosslinguistic study of coarticulatory strategies.* Doctoral dissertation. Edinburgh: University of Edinburgh.

Lee, B., Guion, S. G., & Harada, T. (2006). Acoustic analysis of the production of unstressed English vowels by early and late Korean and Japanese bilinguals. *Studies in Second Language Acquisition, 28*(3), 487–513.

Long, M. H. (1990). Maturational constraints on language development. *Studies in Second Language Acquisition, 12*(3), 251–285.

Luka, B. J., & Barsalou, L. W. (2005). Structural facilitation: Mere exposure effects for grammatical acceptability as evidence for syntactic priming in comprehension. *Journal of Memory & Language, 52*(3), 436–459.

Luka, B. J., & Choi, H. (2012). Dynamic grammar in adults: Incidental learning of natural syntactic structures extends over 48 h. *Journal of Memory and Language, 66*(2), 345–360.

Mazzoni, D., & Dannenberg, R. (2010). *Audacity (1.3.12)* [Computer software]. Available from http://audacity.sourceforge.net/

McAllister, R., Flege, J., & Piske, T. (2002). The influence of the L1 on the acquisition of Swedish vowel quantity by native speakers of Spanish, English and Estonian. *Journal of Phonetics, 30*(2), 229–258.

McDonough, K., & Trofimovich, P. (2009). *Using priming methods in second language research.* New York: Routledge.

McGaugh, J. L. (2000). Memory: A century of consolidation. *Science, 287*(5451), 248–251.

Miyake, S. (2009). Cognitive processes in phrase shadowing: Focusing on articulation rate and shadowing latency. *JACET Journal, 48*, 15–28.

Munro, M. J., & Derwing, T. M. (1999). Foreign accent, comprehensibility, and intelligibility in the speech of second language learners. *Language Learning, 49*(*s1*), 285–310.

Natural Reader 10.0. [Computer software] (2011). Available from http://naturalreader. software.informer.com/10.0/

日本英語音声学会 (編). (2005). 『英語音声学辞典』. 東京：成美堂.

Onishi, K. H., Chambers, K. E., & Fisher, C. (2002). Learning phonotactic constraints from brief auditory experience. *Cognition, 83*(1), B13–B23.

Otaka, H. (2009). *Phonetics and phonology of moras, feet, and geminate consonants in Japanese*. Lanham: University Press of America.

太田信夫 (編). (2008). 『記憶の心理学』. 東京：日本放送出版協会.

Pawlak, M. (2013b). The effect of explicit and implicit corrective feedback on eliminating pronunciation errors. In E. Waniek-Klimczak & L. Shockey (Eds.), *Teaching and researching English accents in native and non-native speakers* (pp. 85–101). Heidelberg, New York: Springer.

Peterson, G. E., & Barney, H. I. (1952). Control methods used in the study of vowels. *Journal of the Acoustical Society of America, 24*(2), 75–184.

Reitter, D., Keller, F., & Moore, J. D. (2011). A computational cognitive model of syntactic priming. *Cognitive Science, 35*(4), 587–637.

Rescorla, R.A., & Wagner, A.R. (1972). A theory of Pavlovian conditioning: Variations in the effectiveness of reinforcement and nonreinforcement. In A. H. Black & W. F. Prokasy (Eds.), *Classical conditioning II: Current theory and research* (pp. 64–99). New York: Appleton-Century-Crofts.

Saito, K., & Lyster, R. (2012). Effects of form-focused instruction and corrective feedback on L2 pronunciation development of /r/ by Japanese learners of English. *Language Learning, 62*(2), 595–633.

里井久輝・籔内智・吉村満知子. (2003). 日本人英語学習者における発話のスピーチリズムと母音弱化の関係 (第 17 回全国大会発表要旨). 『音声研究』7, 113.

Schacter, D. L., & Church, B. A. (1992). Auditory priming: Implicit and explicit memory for words and voices. *Journal of Experimental Psychology: Learning, Memory, and Cognition, 18*(5), 915–930.

Scheepers, C. (2003). Syntactic priming of relative clause attachments: Persistence of structural configuration in sentence production. *Cognition, 89*(3), 179–205.

Schmidt, R. (1990). The Role of consciousness in second language learning. *Applied Linguistics, 11*(2), 129–158.

Schmidt, R. (2001). Attention. In Robinson, P. (Ed.), *Cognition and second language instruction* (pp. 3–32). Cambridge: Cambridge University Press.

Snow, D. (1998). Prosodic markers of syntactic boundaries in the speech of 4-year-old children with normal and disordered language development. *Journal of Speech, Language, and Hearing Research, 41*(5), 1158–1170.

杉藤美代子 (1990). 『日本語アクセントの研究』東京：三省堂.

Sugiura, K. (2006). On the difference in schwa produced by native speakers of English and Japanese speakers of English. *JASEC Bulletin, 15*, 1–12.

Sugiura, K. (2015). *Production of English schwa by Japanese speakers.* Unpublished doctoral dissertation. Hyogo: Kwansei Gakuin University.

Sugiura, K. (2016). Using auditory word repetition to improve L2 pronunciation of English schwa by Japanese learners: From the perspective of phonological processing. *The Journal of Asia TEFL, 13*(3), 221–240.

SuperLab Pro (*4.0*) [Computer software] (2006). San Pedro, CA: Cedrus Corporation.

寺澤孝文・吉田哲也・太田信夫. (2008). 「英単語学習における自覚できない学習段階の検出」. 『教育心理学研究』 *56*, 510–522.

Tomita, K., Yamada, J., & Takatsuka, S. (2010). English vowel spaces produced by Japanese speakers: The smaller point vowels and the greater schwas. *Journal of Psycholinguistic Research, 39*(5), 375–391.

Trofimovich, P. (2005). Spoken-word processing in a native and a second language: An investigation of auditory word priming. *Applied Psycholinguistics, 26*(4), 479–504.

Trofimovich, P. (2008). What do second language listeners know about spoken words? Effects of experience and attention in spoken word processing. *Journal of Psycholinguistic Research, 37*(5), 309–329.

Trofimovich, P., & Gatbonton, E. (2006). Repetition and focus on form in processing L2 Spanish words: Implications for pronunciation instruction. *The Modern Language Journal, 90*(4), 519–535.

Trofimovich, P., & McDonough, K. (Eds.). (2011). *Applying priming methods to L2 learning, teaching and research: Insights from psycholinguistics* (Vol. 30). Amsterdam: Benjamins.

Trofimovich, P., McDonough, K., & Foote, J. A. (2014). Interactive alignment of multisyllabic stress patterns in a second language classroom. *TESOL Quarterly, 48*(4), 815–832.

Truscott, J. (2014). *Consciousness and second language learning.* Bristol: Multilingual Matters.

Wallace, K. (1994). *An acoustic study of American English Schwa in multiple speaking modes.* Unpublished doctoral dissertation. New York: New York University.

Warner, N., & Arai, T. (2001). The role of the mora in the timing of spontaneous Japanese speech. *Journal of the Acoustical Society of America, 109*(3), 1144–1156.

WaveSurfer 1.8.5. [Computer software] (2011). Available from http://wavesurfer.en. uptodown.com/windows

Wells, J. (2008). *Longman pronunciation dictionary* (*third edition*). London: Longman.

横川博一 (編). (2009). 『日本人英語学習者の英単語親密度 音声編』. 東京：くろし
　お出版.

Young-Scholten, M., & Archibald, J. (2000). Second language syllable structure. In J.
　Archibald (Ed.), *Language linguistics and linguistic theory* (pp. 64–101). Oxford:
　Blackwell.

第6章

L2 音韻カテゴリーの構築過程における 音響的手がかりの利用と抑制

—日本語母語話者による英語摩擦音習得—

川﨑貴子　　ジョン・マシューズ　　田中邦佳

1.　はじめに

　子どもは生後 10–12 ヶ月の間に母語 (L1) の音韻システムに応じて，その言語の音声知覚システムを構築するとされる (Werker & Tees, 1984)。そして L1 の音声を聞く際には，言葉の意味を区別するのに必要とされる音響的な特徴に集中的に注意を払う。そして必要ない音響的手がかり (acoustic cue) には注意を払わないようになっていくのである。この確立された L1 の音韻システムが，第二言語 (L2) の音声知覚において妨げとなることはよく知られている (Abramson & Lisker, 1970; Werker & Tees, 1984; Brown, 2000 他)。日本語母語話者が，英語の [l] と [ɹ] の知覚に苦労することは，広く知られている例である (Goto, 1971)。以下の表 1-1, 1-2 はそれぞれ英語，日本語の子音音素[1]をまとめたものである。

1　日本語の子音音素については研究者により見解が分かれるところである。表 1-1, 1-2 は牧野 (2005, p. 52) による子音音素を改編したものである。

表 1-1　英語の子音音素

	唇　音	歯　音	歯茎音	硬口蓋 歯茎音	硬口 蓋音	軟口 蓋音	声門音
破裂音	p　b		t　d			k　g	
摩擦音	f　v	θ　ð	s　z	ʃ　ʒ			h
破擦音				tʃ　dʒ			
鼻　音	m		n			ŋ	
側面接近音／ 流音			l				
接近音／流音			ɹ				
接近音	w				j		

表 1-2　日本語の子音音素

	唇　音	歯茎音	硬口 蓋音	軟口 蓋音	声門音
破裂音	p　b	t　d		k　g	
摩擦音		s　z			h
鼻　音	m	n			
流　音		ɾ			
接近音	w		j		

　日本語には英語の /l/, /ɹ/ にあたる音素（**phoneme**）が存在しない。よって日本語母語話者の英語習得では，英語の /l/ と /ɹ/ をともに L1 である日本語のラ行音（/ɾ/）として知覚し，両音を混同するエラーがよく起こる。これは L2 音が L1 の類似音に**知覚同化**（**perceptual assimilation**）されるためである（Best, 1995）。

　L2 の音韻習得では，L1 で意味区別に利用されない音響的手がかりをインプット（**input**）として取り入れ，新たな L2 の音素カテゴリーを構築する必要がある。では新たなカテゴリーの習得はどのように起こるのであろうか。

1.2 Category Activation Threshold Model（カテゴリー構築境界モデル）

Matthews & Kawasaki（2013）は，音韻習得の過程で音響的手がかりの利用がどのように変化するかに着目し，Category Activation Threshold Model（CATM）を提唱した。CATM では新たな音素カテゴリーを構築するため，様々な音響的特徴に注意を払い，音響的手がかりのインプットを蓄積する段階が習得初期に存在するとしている。新たな音素の知覚に必要な音響的手がかりをインプットから特定し，その手がかりを新たな音素カテゴリーに結びつけることで，新たな音素が構築される。そして，音素の構築に伴い，音素の区別に必要ではない手がかりの利用は抑制されるとしている。つまり，音素の構築前には様々な音響的手がかりを利用し，後に音素カテゴリーが適切な手がかりと結びつくと，音素の区別に必要ない手がかりの利用が抑制されるのである。

1.3 目的

本研究の目的は，（1）学習者の音韻習得が進むにつれ，音響的手がかりの利用がどのように変化するのか（2）CATM にて提唱されたように L2 音素カテゴリーが形成されるにつれ，必要でない手がかりの利用が抑制されるのかを調査することである。

L2 習得における音響的手がかりの利用がどう変化するかを調査するため，本研究では，日本語を L1 とする英語学習者の主に摩擦音 [s, z, f, v, θ, ð] の知覚の変化を調査した。日本語母語話者にとって L1 に存在しない [f], [θ] などの摩擦音は，聞き取りにおいても発音においても問題となることが知られている（Lombardi, 2003; Brannen, 2002; Hancin-Bhatt, 1994 他）。本研究では，異なる習得レベルにあると考えられる日本語母語話者を対象とし，英語の摩擦音の知覚を比較することで，習得が進むにつれて音響的手がかりの利用がどのように変化していくのかを調査した。

2. 仮説

本研究の実験では類似度判断タスク（Similarity Judgment Task）を使用した。類似度判断タスクとは，2 つの語の発話を聞き，それらがどの程度「似

166 | 第 6 章　L2 音韻カテゴリーの構築過程における音響的手がかりの利用と抑制

ている」かを 5 段階で判断するものである。本研究にて呈示した 2 つの語の発話ペアは，全て物理的には異なるものであった。たとえば "asa"-"asa" という同じ語の発話を呈示する場合でも，最初の発話と 2 つ目の発話は異なる話者によるものを使用した。よって，全てのペアの音声は物理的には「異なる」ものであった。

　本研究での類似度判断タスクは，2 つの発話の同一性を問うものではなく，物理的に異なる音声の類似度を判定するタスクであり，正解／不正解は無いものであった。木研究では，L2 の習得過程において L1 にある子音のペア（"asa"-"asa"，"asa"-"ata" 等）と L1 に無い子音を含むペア（"aθa"-"aθa"，"asa"-"aθa" 等）のそれぞれで，類似度判断がどのように変化していくのか調査した。

　L1 にある子音対立のペアでは，音素を区別する手がかりとなる音響的な違いは，より大きな違いとして判断され，意味区別に関わらないような音響的な違いは，より小さなものとして判断されると考えられる。たとえば日本語では "t" と "s" はともに意味区別に用いられる異なる音素である。よって /t/ と /s/ が対立する "ata" と "asa" をペアとして呈示した時，日本語母語話者は閉鎖音と摩擦音の違いを大きな差として捉える。しかし，日本語話者がよく混同する /s/ と /θ/ が対立する "aθa" と "asa" のペアでは状況が異なる。/θ/ の音素を持たない日本語話者にとって，[s] と [θ] を区別する音響的な手がかりは L1 では音素の区別に利用されておらず，その音響的な差は L1 に音素対立が存在するペアに見られる差よりも小さく捉えられると仮定した。

　本研究では，Different 試行と Same 試行の 2 つの試行タイプを設けた。Different 試行では，2 つの異なる語の発話を呈示した（"aθa"-"asa"，"aθa"-"afa" 等）。Same 試行では，1 つの語の発話を 2 回呈示した。（"aθa"-"aθa"，"afa"-"afa" 等）。どちらの試行においても 2 つの音声は別々の話者による発話であった。Same 試行であっても，始めに呈示した音声の話者と後に発話した音声の話者は異なったため，どちらの試行でも呈示された 2 つの音声は物理的には異なるものであった。しかし，Different 試行は 2 つの語が異なる子音を含むのに対し，Same 試行は同じ語の発話であった。つまり，前者は話者間の音声の違いに加え，子音間の差の大きさを判定するタスクであり，後者は話者間の違いの大きさを判定するタスクであった。どちらの試行

にも，参加者のL1である日本語に無い子音（[f, v, θ, ð]）を含むペアと，母語音（[t, d, s, z][2]）のみでできたペアの両方が含まれていた。

本研究ではDifferent試行およびSame試行それぞれにおいて，習得が進むにつれ，類似度判断がどう変化するのかを調査した。類似度判定値の変化を比較することで，学習者の音響的手がかりの利用がどのように変化するのかを調査するためである。

CATMの仮説が正しければ，L1にない子音を含む語の類似度判断は，習得の過程で以下の図1のように変化すると考えられる。

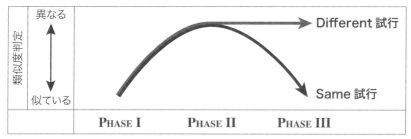

図1　CATMが予想する非母語子音の類似度判断の変化：
Same & Different 試行

前述のように，人はL1の音声知覚を行う際，意味区別に必要な音響的手がかりに注意を払い，意味区別に必要でない音響的な違いにはあまり注意を払わない。非母語子音を含む試行では，最初，L1システムを転用することにより，知覚同化が起こり，その子音はL1の類似音と同じカテゴリーに分類される。そのため，Same試行では対象の子音がL1にある類似音の発話であると知覚され，その非母語性に気づかれない。よって，発話者の違いによる音響の差にも注意が払われず，Same試行のペアの語を「似ている」と判定する（Phase I）。

しかし，習得が進むと，非母語音がL1の類似音とは異なることに気づ

2　t, dは摩擦音ではなく，s, zとの組み合わせでL1に存在する音素対立のペアを作成するために用いた。t, dはs-t, z-dとしてDifferent試行にのみ使用し，Same試行では使用しなかった。

き，意識的に新たな L2 音の知覚を行うようになる。そして，様々な音響的な違いに，より注意を払うようになる（Phase II）。そして，その音の知覚に適切な音響的手がかりを特定するまでは，様々な音響的手がかりに注意を払い，インプットの蓄積を行なう（Strange, 2011; Kawasaki et al., 2014）。この段階では，音素の特定に不要な発話者間の声の違いにも注意が払われ，その差がより大きく捉えられると予想される。しかし，やがて Phase II にて L2 音の特定に必要な音響特性が特定されると，必要の無い音響的手がかりの利用は抑制される段階に入る。そして，発話者間の差は小さく判定されるようになるのである（Phase II-Phase III）。

一方，Different 試行では子音の違いを決定づける音響的な特徴を特定した後も，その区別に必要な手がかりの利用は抑制されない。よって，類似度判定の値は Phase II から III にかけても下がらずに高くとどまると考えられる。

同じ非母語音であっても，習得，すなわち Phase II→III への移行が容易なものとそうでないものとがある。習得の難易度には，L1 の音声弁別に使用されている特徴（音韻素性，phonological feature）を転用できるかどうか（Brown, 2000），またその音と他の音が音響的にどの程度類似しているかなどの影響を受けると考えられる。たとえば，[f] は日本語には存在しないが，同じ唇音である [p] は日本語に存在する。その [f] と [p] は口腔からの息の流れが止まる閉鎖音なのか，閉鎖の無い摩擦音なのかで区別される。前者と後者は，[±continuant] のとる値が [+continuant]（摩擦音）なのか [−continuant]（閉鎖音）なのかが異なる。この [continuant] による区別は，日本語に存在する /t/ vs. /s/ の対立にも存在するため，[f] は非母語音ではあるが，[f] と [p] との聞き分けは日本語母語話者にとって難しくないと考えられる。

3. 方法

本研究では，英語圏での滞在経験が長くなるにつれ，L2 である英語のインプットが多くなり，音韻習得レベルが上がると仮定し，日本語を L1 とする英語学習者を対象に，類似度判断テストの結果がどのように変化するのか調査した。参加者は滞在経験の長さに応じて（1）留学経験が無い学習者，（2）中期の留学経験者，（3）長期の海外滞在経験者，の 3 群に分けた。そし

てこの3群に対照群としての英語母語話者群を合わせ，合計4つの参加者群を設けた。

　これらの4つの参加者群の間で，類似度判断テストの結果がどのように異なるのかを調査した。音韻習得が進んでいると想定される留学経験者のグループと非留学経験者のグループの類似度判断を比較することにより，L1では利用されない音響的手がかりの利用がどのように変化していくのかを調査することが本実験の目的であった。

3.1　参加者

　本実験に参加した日本語母語話者は，英語圏への滞在経験および期間により，次のように3つのグループに分けた。英語圏への滞在経験が3ヶ月未満の学習者を「経験無群」とし，3ヶ月〜1年の滞在（留学）経験を持つ学習者を「中期群」，そして英語圏への滞在経験が5年以上の話者を「長期群」とした。「経験無群」は22名（平均年齢19.0歳）の大学生であった。「中期群」は18名（平均年齢21.4歳）の大学生であった。中期群の参加者は，実験参加時点で英語圏に滞在中，または，留学後日本に帰国して6ヶ月以内であった。「長期群」は11名（平均年齢43.6歳）であった。「英語母語話者群」は21名（平均年齢20.6歳）で，全て米国在住の英語をL1とする話者であった。

3.2　音声刺激

　実験の音声刺激として，1つの子音（C）が同一の母音（V）に挟まれるVCV構造の無意味語（例："asa", "efe"）を作成した。無意味語に使用した母音（V）は，/a, e, o/ の3つの音であり，子音は，/s, t, θ, f, z, d, ð, v/ の8音であった。使用した無意味語の総数は24語（3母音×8子音）であった。これら8つの子音のうち /s, z, t, d/ の4音は，実験群のL1である日本語に音素として存在する母語音である。一方，/θ, ð, f, v/ の4音はL1に存在しない非母語音である。以下の表2は，本実験にて使用した試行のリストである。

表2　Different 試行，Same 試行での試行リスト

試行タイプ	試行ペア	音声ペア	母語音・非母語音
Different 試行	S-T	s-t, z-d	母語音－母語音
	T-TH	t-θ, d-ð	母語音－非母語音
	S-TH	s-θ, z-ð	母語音－非母語音
	TH-F	θ-f, ð-v	非母語音－非母語音
Same 試行	S-S	s-s, z-z	母語音
	TH-TH	θ-θ, ð-ð	非母語音
	F-F	f-f, v-v	非母語音

　Different 試行は4つ，Same 試行は3つの試行ペアから成るものであった。各試行ペアは2つの音声ペアで構成された。これらの2つは，刺激語に含まれる子音が有声音のものと，無声音のものである。たとえば，S-T ペアの音声ペアには，子音が無声音の [s] と [t] ("asa"-"ata")，有声音の [z] と [d] ("aza"-"ada") の2種の音声ペアで構成されていた。

　4つの Different 試行のうち，S-T ペア（s-t, z-d）のみが母語音のペアであり，残りの3ペアはL1に無い子音を含んでいるペアである。3つの Same 試行のうち，S-S ペア（s-s, z-z）は母語音のペアであり，TH-TH, F-F ペアは非母語音のペアである。

　音声学のトレーニングを受けた英語母語話者2名（男性1名，女性1名）による刺激語の発話を録音し，音声刺激として使用した。

　次の図2は，本実験の各試行の流れを示したものである。

　実験の各試行では2つの単語（音声A・音声B）が呈示され，参加者は呈示された2語がどの程度似ているかを5段階（1：似ている～5：似ていない）で判定した。呈示した2つの音声間の間隔（ISI: inter stimulus interval）は，1,500 ミリ秒であった。

　実験の Different 試行では，"asa"-"aθa" のように音声Aと音声Bで異なる2語の音声を呈示した。Same 試行では，"aθa"-"aθa" のように同一の語を2回呈示した。いずれのタイプの試行でも音声Aの発話と音声Bの発話は異なる話者によるものであった。つまり，Same 試行で呈示した2つの音声は，同じ単語ではあったが音響的には同一のものではなかった。

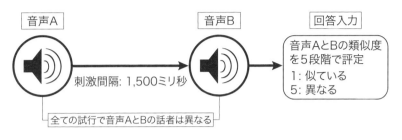

図2　試行の流れ

　Different 試行では，刺激の呈示順による効果を考慮し，各音声ペアは単語の呈示順を入れ替えて2度呈示した。たとえば，s-t 音声ペアには，"asa"-"ata" の順で呈示する試行と "ata"-"asa" の順で呈示する2つの試行があった。Same 試行では，発話のトークンを変え，各音声ペアから2つの試行を呈示した。

　実験で各参加者は，Different 試行が48試行（8音声ペア×3母音×2呈示順），Same 試行が36試行（6音声ペア×3母音×2トークン），フィラー試行が12試行，合計で96試行を行った。試行の呈示順は，参加者毎にランダマイズした。

　実験の構築および施行には，Inquisit（2014）を使用した。参加者は，各自のコンピューターを使用して millisecond 社が用意するサーバーにアクセスし，ウェブブラウザー上で実験を実施した。回答にはマウスやキーボードなどの機器を使用した。実験の所要時間は20分程度であった。

　留学経験により英語のインプットが多く取り入れられ，L2 音の音韻習得が促進されていると仮定すれば，Different 試行中の非母語音を含むペア（例："asa"-"aθa"）では，経験無群よりも中期，長期群は，2つの発話の違いを大きく（「異なる」）判定すると考えられる。これは，新たな音素カテゴリーの知覚に適切な音響的手がかりの特定が進み，その手がかりの聞き取りに注意を集中することができるようになると考えられるからである。一方，非母語音を含んだ Same 試行ペア（例："aθa"-"aθa"）では，習得が進んでいる群は呈示された音声の話者間の違いを無視し，2つの発話を「似ている」と判定するはずである。

172 | 第 6 章　L2 音韻カテゴリーの構築過程における音響的手がかりの利用と抑制

　英語母語話者群にとっては，本実験で呈示した子音の全てが L1 に音素として存在する音である。よって Different 試行の子音ペアは L1 で異なる音素をなす子音である。しかし，本実験で用いた類似度判定タスクで，英語母語話者が全ての Different 試行で，判定値の最大値である「5」を選択し「似ていない」と判定する訳では無い。L1 の音素対立がある子音ペアの中にも，音響的に類似しているものと，大きく異なるものがある。Miller & Nicely (1955) の実験によれば，[θ] と [f] などは英語母語話者にとってもノイズ下で混同が見られやすいペアである。2 つの語を呈示して，それらが同じ単語かどうかを問うような AX タスクでは，音響的な類似性の差が母語音の聞き取りの結果に表れることはほぼ無く，母語音の Different 試行では呈示された 2 語は「異なる」と判定し，Same 試行では「同じである」と判定するであろう。しかし，本実験では学習者が，非母語音の弁別が出来るかどうかだけではなく，弁別に使用されない音響的手がかりの利用がどう変化するのかを調査することを目的としたため，AX タスクではなく，類似度判定タスクを使用した。よって，本実験では，英語母語話者群であっても，Different 試行と Same 試行のいずれの試行においても回答に多少のばらつきは見られることが予想された。

4.　結果

　本研究では Different 試行のペア 4 種類と，Same 試行のペア 3 種類の類似度判断タスクを行った。それぞれの試行タイプで，4 つの参加者群間の類似度判断がどのように異なるかを調査するため，試行ペアそれぞれで，一元配置の分散分析を行った。

4.1　Different 試行
4.1.1　S-T ペア
　S-T の Different 試行は，ペアの両方の子音が日本語でも英語でも母語音にあたるものである。4 つの参加者群ごとの類似度判定値の z 値[3]平均を以

3　判定値そのものの平均値ではなく，z 値を使用するのは各参加者の回答の判定値の幅に

下の表3に示した。また，以下の図3は，各群のs-t, z-dペアの類似度判定値の分布を示した箱ひげ図である。

表3　S-Tペアの類似度判定の平均値（z値）

グループ名	参加者数	平均値	S.D.
経験無群	22	1.19	0.21
中期群	18	1.19	0.17
長期群	11	0.99	0.13
英語母語話者群	21	1.11	0.11

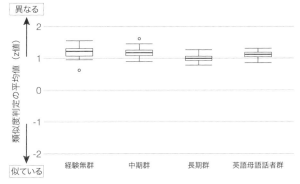

図3　S-Tペアの類似度判定値の分布

s-t, z-dにおける類似度判定値を4群間で比較したところ，判定値に有意差が認められた（$F(3, 68) = 4.52, p = .0059, \eta^2 = 0.17$）。Shaffer's Modified Sequentially Rejective Bonferroni Procedureによる事後分析の結果，経験無群と長期群，および中期群と長期群の間にのみ，有意差が認められた（経験無群 − 長期群 [$t(68) = 3.30, p = .0093$]，中期群 − 長期群 [$t(68) = 3.13, p = .0093$]）。この結果は，日本語母語話者がインプットを蓄積し，習得レベルが高くなると，s-t, z-dの違いが相対的に小さく捉えられるようになることを示している。

s-t, z-dはともに日本語にも英語にも存在する音素である。よって，本研

見られる個人差を調整し，標準化するためである。

174 | 第6章 L2音韻カテゴリーの構築過程における音響的手がかりの利用と抑制

究では学習者レベルの変化により，類似度判断が変化することは予想しなかった。しかし，長期群はその他の日本語母語話者群よりも差を小さく判定していた。上級者になると，他のL1には無い非母語音の習得が進み，心的文法中の音素マップに新たな音の追加が進んでいると考えられる。音素マップ中に音素が増えることにより，知覚スペースのマップが再構築され，その中での音素同士の距離が修正されるようなことが起こっているのかもしれない。そのため，音素が増えた上級学習者のマップでは，s-t, z-d 間の距離が縮まり，判定値が小さくなった可能性もある。この可能性については，音素習得が進んだ上級者や，バイリンガル話者の類似度判断を更に調査する必要があろう。

4.1.2 T-TH ペア

Different 試行の T-TH ペア (t-θ, d-ð) における，4つの参加者群ごとの類似度判定値の z 値平均は以下の表4に示した。また，以下の図4は，各群の類似度判定値の分布を示した箱ひげ図である。

T-TH ペアにおける4群間の類似度判定を比較するため一要因の分散分析を行ったところ，4群間の判定値に有意差は認められなかった ($F(3, 68) = 1.30, p = 0.28$, ns)。

"θ", "ð" は日本語に音素としては存在しないが，t-θ, d-ð は，留学経験の無いグループにおいても英語母語話者と同様に異なるものとして知覚されていることがわかる。これは，L1に閉鎖音と摩擦音の，[±continuant] による対立が存在するため（例：/s/-/t/），L1に音素そのものは無くとも，弁別の手がかりはL1でも同様に使用されているからだと考えられる。

表4 T-TH ペアの類似度判定の平均値（z 値）

グループ名	参加者数	平均値	S.D.
経験無群	22	0.80	0.19
中期群	18	0.69	0.25
長期群	11	0.70	0.18
英語母語話者群	21	0.71	0.18

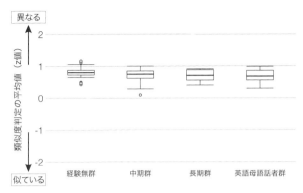

図4　T-TH ペアの類似度判定値の分布

4.1.3　S-TH ペア

次に S-TH ペア（s-θ, z-ð）での，4つの参加者群ごとの類似度判定値の平均を以下の表5に示した。また，以下の図5は，各群の S-TH ペアの類似度判定値の分布を示した箱ひげ図である。

S-TH ペアにおける4群間の類似度判定を比較するため一要因の分散分析を行ったところ，判定値に有意差が認められた（$F(3, 68) = 21.45, p < .001, \eta^2 = 0.49$）。Shaffer's Modified Sequentially Rejective Bonferroni Procedure による事後分析の結果，中期群と長期群の間以外には有意差が認められた。また，英語母語話者群とその他3つの群との間全てに有意差が認められた。

この結果は，日本語母語話者は多くのインプットを受け，習得レベルが上がった後も，sibilant（s, z）vs. non-sibilant（θ, ð）の音響的な違いを英語母語話者とは同じレベルでは評価していないことを示している（経験無群 − 英語母語話者群 [$t(68) = 7.93, p < .001$]，中期群 − 英語母語話者群 [$t(68) = 4.43, p = .0001$]，長期群 − 英語母語話者群 [$t(68) = 2.57, p = .0248$]）。また，長期群であっても英語話者と同レベルには到達しないものの，留学経験を経て，s-θ, z-ð の差を大きく判定するようになることが示された（経験無群 − 中期群 [$t(68) = 3.13, p = .0077$]，経験無群 − 長期群 [$t(68) = 3.96, p = .0005$]）。

表5 S-TH ペアの類似度判定の平均値（z 値）

グループ名	参加者数	平均値	S.D.
経験無群	22	−0.16	0.34
中期群	18	0.20	0.27
長期群	11	0.37	0.54
英語母語話者群	21	0.72	0.34

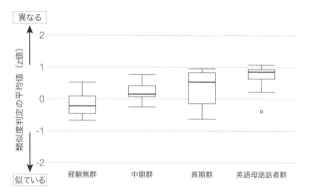

図5　S-TH ペアの類似度判定値の分布

4.1.4 TH-F ペア

　以下の表6は，TH-F の Different 試行における，4つの参加者群ごとの類似度判定のz値平均を示したものである．また，図6は，各群の類似度判定値の分布を示した箱ひげ図である．

　TH-F の4群間の類似度判定を比較するため一要因の分散分析を行ったところ，4群間の判定値に有意差は認められなかった（$F(3, 68) = 1.74, p = .167$, ns）。

表6　TH-F ペアの類似度判定の平均値（z 値）

グループ名	参加者数	平均値	S.D.
経験無群	22	−0.11	0.30
中期群	18	0.05	0.19
長期群	11	0.04	0.22
英語母語話者群	21	−0.03	0.24

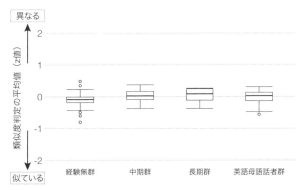

図6　TH-F ペアの類似度判定値の分布

　図6に見られるように，経験無群と英語母語話者との間でTH-Fペアの類似度判定には大きな差は認められなかった。L1にθ-f, ð-vの対立が存在する英語母語話者にとっても，θ-f, ð-vの音響的な差は小さく知覚されるようである。[θ] と [f] は音響的に類似しており（Strevens, 1960; Shadle, 1985），英語母語話者にとっても区別が難しいことは先行研究にて報告されている（Miller & Nicely, 1955; Tabain, 1988）。本実験の結果はこれらの先行研究の報告を裏付けるものである。英語母語話者にとって音響的な類似度の高いペアにおいては，日本語母語話者の判定と英語母語話者の判定との間に差が見られなかったのである。

4.2 Same 試行
4.2.1 S-S ペア

3種類のSame試行ペアのうち、S-SペアのみがL1である日本語に存在する子音のペアである。よって、どの群の参加者にとっても音素カテゴリーが出来上がっている子音であり、2つの呈示音声間の音響的な違いは、どの群においても小さく判定されることが予想された。以下の表7は4つの参加者群ごとの類似度判定平均である。また、図7は、各群のS-Sペアの類似度判定の分布を示した箱ひげ図である。

表7　S-Sペアの類似度判定の平均値（z値）

グループ名	参加者数	平均値	S.D.
経験無群	22	−0.82	0.18
中期群	18	−0.86	0.22
長期群	11	−0.82	0.29
英語母語話者群	21	−0.99	0.15

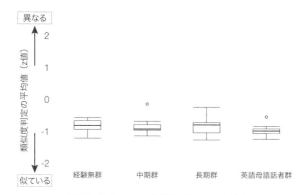

図7　S-Sペアの類似度判定値の分布

S-Sペアの類似度判定値を4群間で比較したところ、有意差が認められた（$F(3, 68) = 3.00, p = .04, \eta^2 = 0.12$）。Shaffer's Modified Sequentially Rejective Bonferroni Procedureによる事後分析の結果、経験無群と英語母語話者群の間にのみ、有意差が認められた（$t(68) = 2.76, p = .045$）。すでに述べたよう

4. 結果 | 179

に, 母語音の Same 試行では話者間の違いは小さく判定されるはずである。しかし, 実験の結果, 経験無群は英語母語話者に比べ, S-S ペアの物理的な差を大きく判定する傾向にあった。この差は, 日本語と英語の歯茎摩擦音 (s, z) の違いによるものである可能性がある。英語の歯茎摩擦音は日本語よりも舌の先を使って調音する (Gimson, 1980)。本実験の刺激は英語話者による発話であったため, その差が類似度判定に影響した可能性が考えられる。表 7 を見ると, 日本語母語話者の 3 グループの平均値は英語母語話者のものよりも高くなっている。これも母語音との微細な違いにより, 参加者が不要な音響的手がかりに注意を向けた結果かもしれない。

4.2.2　TH-TH ペア

TH-TH ペアは日本語には存在しない L2 音の Same 試行であるため, 日本語母語話者は音素カテゴリーの構築が成されるまでは, 話者による発話の違いを英語母語話者よりも大きく評価することが予想された。以下の表 8 は 4 つの参加者群ごとの類似度判定平均である。また, 図 8 は各群の TH-TH ペアの類似度判定の分布を示した箱ひげ図である。

TH-TH ペアの類似度判定値を 4 群間で比較したところ, 有意差が認められた $(F(3, 68) = 7.89, p = .0001, \eta^2 = 0.26)$。Shaffer's Modified Sequentially Rejective Bonferroni Procedure による事後分析の結果, 日本語話者の 3 群それぞれと英語母語話者群に有意差が認められた (経験無群 − 英語母語話者群 [$t(68)$ = 4.27, $p = .0004$], 中期群 − 英語母語話者群 [$t(68)$ = 3.96, $p = .0006$], 長期群 − 英語母語話者群 [$t(68)$ = 3.06, $p = .0095$])。つまり, 日本語母語話者の群の全てで, 英語母語話者よりも話者間の差を大きく判定したのである。この結果は, θ, ð の知覚では, 習得レベルが上がっても音韻的知覚に必要でない音響的手がかりの利用抑制が進んでおらず, これらの音素習得の難しさを示している。

表8　TH-THペアの類似度判定の平均値（z値）

グループ名	参加者数	平均値	S.D.
経験無群	22	−0.48	0.26
中期群	18	−0.49	0.15
長期群	11	−0.52	0.27
英語母語話者群	21	−0.75	0.14

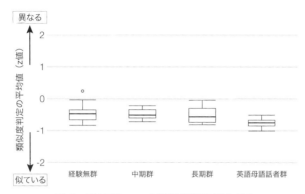

図8　TH-THペアの類似度判定値の分布

4.2.3　F-F ペア

　F-F ペアは TH-TH ペアと同様，日本語には存在しない L2 音の Same 試行である。よって日本語母語話者は音素カテゴリーが構築されるまで，話者による発話の違いを英語母語話者よりも大きく評価することが予想された。以下の表9は4つの参加者群ごとの類似度判定平均である。また，図9は，各群のf-f, v-v ペアの類似度判定の分布を示した箱ひげ図である。

　F-F ペアの類似度判定値を4群間で比較したところ，有意差が認められた（$F(3, 68) = 10.17$, $p<.0001$, $\eta^2 = 0.30$）。事後分析の結果，経験無群とその他3群の間に有意差が認められた（経験無群 − 中期群 [$t(68) = 4.59$, $p = .0001$]，経験無群 − 長期群 [$t(68) = 3.79$, $p = .001$]，経験無群 − 英語母語話者群 [$t(68) = 4.27$, $p = .001$]）。この結果は，留学経験のある中期群，長期群では，経験無群と比べ，音素特定に必要ではない音響的手がかりの利用が抑制されていることを示している。これは，f, v の音素カテゴリーが中期以上の留学経験

により構築されることを示唆するものである。

表9　F-Fペアの類似度判定の平均値（z値）

グループ名	参加者数	平均値	S.D.
経験無群	22	−0.43	0.33
中期群	18	−0.78	0.17
長期群	11	−0.77	0.27
英語母語話者群	21	−0.76	0.17

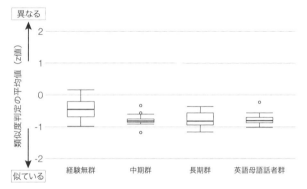

図9　F-Fペアの類似度判定値の分布

4.3　結果のまとめ

ここでは本実験の結果をDifferent試行，Same試行に分け，それぞれの群の結果をまとめて示す。以下の図10は，4つのDifferent試行の結果を各参加者群ごとにまとめたものである。

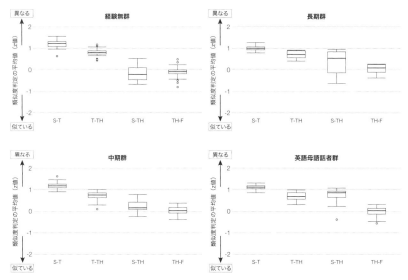

図 10　参加者群別 Different 試行の結果

　前述のように，T-TH, TH-F ペアの判定値は全ての群において差は見られず，日本語母語話者の 3 つの群においても英語母語話者と同程度の判定結果が得られた。一方，S-TH ペアでは，日本語母語話者の 3 群の判定値が英語母語話者に比べ低かった。しかし，経験無群，中期群，長期群と海外滞在期間が長くなるにつれ，S-TH ペアの判定値が徐々に上がっていた。それでもなお，長期群の S-TH ペアの判定値は英語母語話者群のものより低く，参加者間のばらつきも大きかった。この結果は S-TH ペアの知覚に L1 の影響が長く残ることを意味している。また，S-T ペアで長期群の判定値が経験無群，中期群のものより有意に低くなっていた。母語音であるペアの判定では，日本語母語話者の 3 群の間に差があることは予想していなかった。しかし，S-T と T-TH ペアの差をグラフで見ると，経験無群で大きかった差が長期群では小さくなり，英語母語話者のグラフにおける S-T, T-TH ペアの差に似てきているような傾向が窺える。これは長期群の参加者が新たに f, v, θ, ð などの L1 にはない音素を習得する過程で，音素同士の知覚的距離を再構築しているからなのかもしれない。

　次に Same 試行の結果を参加者群ごとにまとめた図 11 を以下に示す。

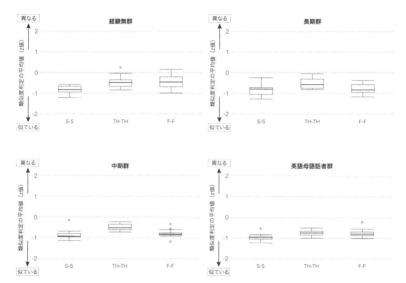

図 11　参加者群別 Same 試行の結果

図 11 から，経験無群では F-F ペアが TH-TH ペアと同程度に高かったが，中期群，長期群では F-F ペアでの判定値が下がり，TH-TH ペアの判定値は日本語母語話者群全てで高いままであることがわかる。この結果は日本語母語話者にとって，θ, ð の知覚習得が f, v よりも難易度が高く，音響的手がかりの利用の抑制が起こるのも遅いことを示している。

5.　おわりに

本研究では，第二言語習得において，音素カテゴリーの構築の過程で音響的手がかりの利用がどのように変化していくのかを実験により調査した。本実験で調査した子音のうち，歯間摩擦音の θ, ð そして唇歯摩擦音の f, v の 4 音が非母語音であった。Different 試行の S-TH ペア，および Same 試行の TH-TH ペアの結果は，歯間摩擦音の知覚の習得が難しいことを示すものであった。Different 試行の中でも S-TH ペアでは，習得レベルが上がるにつれて，s と θ, z と ð の差が大きく判定されるようになっていった。しかし，上級者である長期群においてもまだ英語母語話者との間には差が見られた。そ

して，TH-TH ペアの Same 試行では，上級者レベルの学習者でもまだ不要な音響的手がかりの利用抑制が起こるに至っていないことが示された。これらの Different 試行の結果と Same 試行の結果から，本実験での上級レベル学習者においては習得が進んではいるものの，θ, ð の音素カテゴリーが構築されていないため，必要の無い手がかりの利用抑制が起こっていないと考えられる。これは CATM の仮説を支持するものである。

F-TH, F-F ペアの試行の結果は，唇歯摩擦音の知覚が日本語話者にとって比較的容易であることを示している。Different 試行では留学経験の無い学習者でも，英語母語話者と同様に f と θ, v と ð を異なるものとして知覚していた。Same 試行の F-F ペアで中期群以降と経験無群に差が認められ，抑制効果が見られる。f, v のカテゴリー習得が中期群以降でなされたとするならば，この結果は CATM が予想する結果と一致する。

6. 残された課題と今後の研究への示唆

母語音同士の S-T, S-S ペアでの結果は，一部予想とは異なるものであった。これらのペアで呈示された子音は，日本語・英語，両方の母語話者にとって母語音であり，4 群間で類似度判定に差が認められないと予想していた。しかし，S-S ペアでは経験無群のみ，話者間の差を大きく判定していた。また，S-T ペアでは長期群は，英語母語話者との間には差は認められなかったものの，経験無群および中期群の日本語母語話者よりも S-T 間の差を小さく判定していた。これらの結果は歯茎摩擦音（s, z）の日英の言語間の調音の違いに由来する微細な差によるものである可能性がある。母語音との僅かな差を感じることで，聞き手は L1 知覚では抑制している手がかりにも注意を向けるようになるのかもしれない。この点については，日本語母語話者による発話を使用した刺激ペアと英語母語話者による発話を使用した刺激ペアの両方を使用した実験を行うことで確認する必要があろう。また，Different 試行での S-T ペアの参加者群間の判定値の変化は，英語の摩擦音音素の習得が進んだために起こった音素間のマップ距離の変化によるものである可能性がある。L1 の音素に加え，新たな L2 音が音素のリストに加わると，音声を知覚する際の音素間の距離が短くなるということが起こるのかもしれな

い。そして，類似度判定のような音響的な差を判断するタスクでは，音素カテゴリーの数が増えることにより，同じ音素ペアの差がやや小さく判定されるようになるのかもしれない。音素カテゴリーが増えることによる音素間の距離の変化についても，更なる調査が必要である。

本稿の一部は川﨑，マシューズ，田中（2014, 2015），Matthews & Kawasaki（2013），Matthews, Kawasaki, & Tanaka（2016）で発表した結果に追加データを加え，再分析を行ったものである。本論文の初稿に詳細なコメント・アドバイスをくださった編者の白畑知彦，須田孝司両氏には深く感謝申し上げる。言うまでもなく，本論文中の誤りは全て筆者の責任に帰するものである。
本研究の実施にあたっては日本学術振興会科学研究費補助金（基盤研究 C）（「L2 習得における音響特徴と音韻カテゴリマッピング―メタ認知的知識の役割」課題番号：26370711）の助成を受けた。

参考文献

Abramson, A., & Lisker, L. (1970). Discriminability along the voicing continuum: Crosslanguage tests. *Proceedings of the sixth international congress of phonetic sciences* (pp. 569–573). Prague: Academia.

Best, C. T. (1995). A direct realist view of cross-language speech perception. In W. Strange (Ed.), *Speech perception and linguistic experience: Issues in cross-language research* (pp. 171–204). Timonium, MD: York Press.

Best, C. T., & Tyler, M. D. (2007). Non-native and second language speech perception: Commonalities and complementarities. In O.-S. Bohn, & M. J. Munro (Eds.), *Language experience in second language speech learning: In honor of James Emil Flege* (pp. 13–34). Amsterdam: John Benjamins.

Brannen, K. (2002). The role of perception in differential substitution. *Canadian Journal of Linguistics*, *47*(1/2), 1–46.

Brown, C. (2000). The interrelation between speech perception and phonological acquisition from infant to adult. In J. Archibald (Ed.), *Second language acquisition and linguistic theory* (pp. 4–63). Oxford: Blackwell.

Gimson, A. C. (1980). *An introduction to the pronunciation of English*, *3rd. edition*. London: Edward Arnold.

Goto, H. (1971). Auditory perception by normal Japanese adults of the sounds "L" and "R". *Neuropsychologia*, *9*, 317–323.

Hancin-Bhatt, B. (1994). Segment transfer: A consequence of a dynamic system. *Second*

Language Research, 10(3), 241–269.

Inquisit 4.0.6.0 [Computer software]. (2014). Seattle, WA: Millisecond Software.

Kawasaki, T., Matthews, J., Tanaka, K., & Odate, Y. (2014). Persistent sensitivity to acoustic detail in non-native segments: The perception of English interdentals by Japanese listeners. *English Language and Literature, 54*, 41–56.

川﨑貴子・マシューズ ジョン・田中邦佳. (2014). 「L2 知覚における抑制効果：類似度判定タスクによる検証」. 2014 年度日本認知科学会第 31 回大会発表ポスター発表, 302–306.

川﨑貴子・マシューズ ジョン・田中邦佳. (2015). 「音韻カテゴリの形成過程における音響手がかりの利用と抑制」. 2015 年度日本認知科学会第 32 回大会発表ポスター発表, 434–438.

Lombardi, L. (2003). Second language data and constraints on manner: Explaining substitutions for the English interdentals. *Second Language Research, 19* (3), 225–250.

牧野武彦. (2005). 『日本人のための英語音声学レッスン』. 東京：大修館書店.

Matthews, J., & Kawasaki, T. (2013). Decay or not decay? The loss of fine-grained perceptual sensitivity in the course of speech processing. Paper presented at *New Sounds 2013.* Concordia University, Montréal, Canada.

Matthews, J., Kawasaki, T., & Tanaka, K. (2016). Phonemic category formation and suppressed sensitivity to acoustic cues, Paper presented at *Acoustical Society of America* 2016 paper. Salt Lake City, Utah.

Miller, G. A., & Nicely, P. E. (1955). An analysis of perceptual confusions among some English consonants. *Journal of Acoustical Society of America, 27*(2), 338–352.

Shadle, C. H. (1985). The acoustics of fricative consonants. *Technical report 506* (Massachusetts Institute of Technology, Research Laboratory of Electronics).

Strange, W. (2011). Automatic selective perception (ASP) of first and second language speech: A working model. *Journal of Phonetics, 39*, 456–466.

Strevens, P. (1960). Spectra of fricative noise in human speech. *Language and Speech, 3*, 32–49.

Tabain, M. (1998). Non-sibilant fricatives in English: Spectral information above 10 kHz. *Phonetica, 55*, 107–130.

Werker, J., & Tees, R. (1984). Phonemic and phonetic factors in adult cross-language speech perception. *Journal of the Acoustical Society of America, 75*, 1866–1878.

編 者

白畑知彦(しらはた ともひこ)
　　静岡大学教授

須田孝司(すだ こうじ)
　　静岡県立大学准教授

著 者

ニール・スネイプ(Neal SNAPE)・第１章
　　群馬県立女子大学教授

小川睦美(おがわ むつみ)・第２章
　　日本大学助教

須田孝司・第３章 / 第１章翻訳
　　静岡県立大学准教授

鈴木孝明(すずき たかあき)・第４章
　　京都産業大学教授

杉浦香織(すぎうら かおり)・第５章
　　立命館大学准教授

川﨑貴子(かわさき たかこ)・第６章
　　法政大学教授

ジョン・マシューズ (John MATTHEWS)・第６章
　　中央大学教授

田中邦佳(たなか くによし)・第６章
　　法政大学兼任講師

第１章翻訳
須田織江(すだ おりえ)　実務翻訳家

第二言語習得研究モノグラフシリーズ 1

名詞句と音声・音韻の習得

NDC807／ vii+186p ／21cm

初版第１刷──────2017年12月30日

編　者──────白畑知彦　須田孝司

著　者──────ニール・スネイプ　小川睦美　須田孝司　鈴木孝明
　　　　　　　　杉浦香織　川﨑貴子　ジョン・マシューズ　田中邦佳

発行人──────岡野 秀夫

発行所──────株式会社くろしお出版

　　　　　　〒113-0033　東京都文京区本郷3-21-10
　　　　　　［電話］03-5684-3389　［WEB］www.9640.jp

印刷・製本　三秀舎　装　丁　黒岩二三(Fomalhaut)

©Tomohiko Shirahata and Kouji Suda 2017
Printed in Japan

ISBN978-4-87424-749-5 C3081

乱丁・落丁はお取りかえいたします. 本書の無断転載・複製を禁じます.